어제의 예언, 오늘의 복음

어제의 예언, 오늘의 복음

—

이동원

규장

다시 선포되어야 할 복음,
예수 그리스도

어제의 예언이 오늘의 복음입니다.

그것이 바로 이사야의 복음의 본질입니다.

오늘 이 시대는 다시 그 복음을 필요로 합니다.

그 복음은 구약의 선지자들이 예언했던 복음입니다.

그중에서도 이사야의 복음은 군계일학(群鷄一鶴)과 같습니다.

예수 그리스도가 그 복음의 핵심이십니다.

시대의 요구가 아무리 다양하다 해도 본질은 하나입니다.

그것은 다시 이 시대가 예수님을 필요로 한다는 것입니다.

오늘의 교회는 다시 그 복음으로 돌아가야 합니다.

오늘의 성도들은 다시 그 복음으로 살아야 합니다.

"오라, 우리가 서로 변론하자"라고 이사야는 초대합니다.

그 변론의 핵심인 복음의 영광을 다시 발견해야 합니다.

시대의 파도를 넘어서서 영광의 지평선을 보아야 합니다.

이사야의 예언대로 예수님은 이천 년 전 이 땅에 오셨습니다.
그는 곧 천사장의 나팔소리와 함께 다시 오실 것입니다.

이사야의 예언이
오늘의 교회가 교회 되게 할 것을 기대합니다.
눈부신 신부의 단장을 앞당기는
아름다운 준비이기를 기대합니다.
이사야는 "내 백성을 위로하라"라고 외쳤습니다.
곧 골짜기가 돋우어질 것이고, 산과 언덕이 낮아질 것입니다.
고르지 아니한 곳이 평지가 될 그날을 함께 기다립니다.

지구촌 순례자의 광야에서
이사야의 복음에 빚진 자

이동원 드림

YESTERDAY'S
PROPHECY
GOD'S TODAY

서문

YESTERDAY'S PROPHECY

우리를
부르시다

PART 1

오라, 우리가 서로 변론하자

이사야서 1장 18-20절

—

여호와께서 말씀하시되 오라 우리가 서로 변론하자 너희의 죄가 주홍 같을지라도 눈과 같이 희어질 것이요 진홍같이 붉을지라도 양털같이 희게 되리라 너희가 즐겨 순종하면 땅의 아름다운 소산을 먹을 것이요 너희가 거절하여 배반하면 칼에 삼켜지리라 여호와의 입의 말씀이니라

구약의 복음서, 이사야서

'이사야'(예사야후)라는 이름에는 '여호와는 구원이시다'라는 뜻이 있습니다. 그 이름의 의미처럼 이사야서는 하나님의 구원을 선포하는 예언서입니다. 이사야서를 '구약의 복음서'라고 부르는 것도 그 때문입니다.

이사야서의 또 다른 별명은 '작은 성경'입니다. 성경은 모두 66권인데 이사야서 역시 66장으로 되어 있습니다. 또 성경 66권은 구약 39권과 신약 27권으로 구성되어 있는데, 이사야서 역시 크게 두 부분으로 나뉘어 있으며, 첫 부분이 1-39장까지로 39장, 두 번째 부분이 40-66장까지로 27장입니다.

그리고 이사야서의 첫 부분인 1-39장까지가 이스라엘의 죄와 심판을 다루고 있다면 두 번째 부분인 40-66장까지는 구원의 소망을 다루고 있습니다. 이는 구약 39권이 율법에 비추어 본 인간의 죄와 심판의 주제를 다루고, 신약 27권이 은혜의 주님이신 그리스도로 말미암은 구원의 약속을 다루고 있는 것과 유사합니다.

신학자 제롬(Jerome)은 이사야를 가리켜 "선지자 중 가장 복음적인 선지자"라고 했습니다.

이사야서 6장 1절에 의하면, 이사야는 웃시야 왕이 죽던 해인 주전 739년에 하나님의 부르심을 받아 선지자로서의 사역을 시작했습니다. 이사야는 요담과 아하스, 그리고 히스기야 왕이 통치하는 시대를 살면서 설교사역을 감당했습니다.

전승에 의하면 이사야는 히스기야 왕의 계승자인 므낫세에 의해 톱으로 몸이 잘리는 순교적 죽음으로 생을 마감했다고 합니다. 그는 어두운 시대를 살면서 하나님이 주시는 구원의 희망을 설교한 사역자였습니다.

하나님의 법정으로 초대하는 이사야

대부분의 구약 예언이 그렇듯이 이사야의 예언에도 이중적 특성이 있습니다. 즉 그의 예언은 그가 살았던 시대를 향한 예언이면서 궁극적으로는 인류 전체를 위한 메시아적 예언의 특성을 갖습니다.

일단 그의 예언은 앗수르의 침공에서 유다 민족이 구원을 얻는 것(36-37장)과 바벨론의 포로 신분에서 벗어나 구원을 얻어 귀환하게 되는 것(40장)에 집중합니다. 그러나 이사야서는 궁극적으로 메시아이신 그리스도가 이 땅에 오심으로 인류가 구원을 받는다는 희망을 예언하는 책입니다.

이런 희망을 제공하기에 앞서 선지자는 하나님의 백성을 그분의 법정으로 초대합니다.

오라 우리가 서로 변론하자 사 1:18

하나님이 우리를 그분의 법정으로 초대하신다는 것은 무엇을 의미할까요?

1. 하나님에게서 도피하지 말라

우리가 죄를 범할 때 내면에서 제일 먼저 일어나는 반응은 죄를 직고해야 할 심판자이신 하나님 앞에 서는 것이 아니라, 오히려 그분에게서 도피하고자 하는 것입니다. 그것은 처음 사람 아담이 에덴동산에서 보여준 반응과 같습니다.

> 아담과 그의 아내가 여호와 하나님의 낯을 피하여 동산 나무 사이에 숨은지라 창 3:8

죄를 범한 인류는 그 후 언제나 이와 유사한 반응을 보이며 인생을 살아왔습니다. 손바닥으로 하늘을 가릴 수 있다고 착각하는 것입니다. 이를 고사성어로 '이장폐천'(以掌蔽天)이라고 합니다. 하지만 아무리 손바닥을 펼쳐 하늘을 가리려 할지라도 자기 눈만 겨우 가릴 수 있을 뿐입니다.

우리는 양심의 정죄를 면하기 위해 하나님이 느껴지지 않을 곳으로 도피합니다. 예배당을 떠나 술과 유흥, 쾌락, 여행 등을 찾아 세상으로 도피합니다. 그렇다고 하나님을 피할 수 있을까요? 전지전능하고 무소부재하신 그분을 과연 우리가 피할 수 있을까요? 그보다는 차라리 시편 기자의 고백을 따르는 편이 나을 것입니다.

내가 주의 영을 떠나 어디로 가며 주의 앞에서 어디로 피하리이까 내가 하늘에 올라갈지라도 거기 계시며 스올에 내 자리를 펼지라도 거기 계시니이다 내가 새벽 날개를 치며 바다 끝에 가서 거주할지라도 거기서도 주의 손이 나를 인도하시며 주의 오른손이 나를 붙드시리이다 시 139:7-10

그래서 하나님은 우리에게 '이제라도 속히 하나님의 법정으로 나아오라'고 말씀하십니다. 우리가 하나님을 피해서 살 수 없는 존재라면 차라리 정직하게 하나님 앞으로 나아가 그분의 자비, 그분의 은혜를 구하라는 것입니다.

그분은 우리를 기다리십니다. 창세기에서 요한계시록까지, 성경은 하나님의 "오라!"라는 초대 명령으로 가득 차 있습니다. 그분에게 해결책이 있습니다. 도피는 해결책이 아닙니다. 직면만이 해결책입니다. 도피가 쉬울까요, 직면이 쉬울까요? 얼핏 보면 상황 회피가 쉬워 보입니다. 그러나 실상은 도피의 길이 훨씬 험하고 어려운 길입니다.

요나를 보십시오. 하나님의 명령을 피해 다시스로 가는 배를 탄 그를 기다리던 것은 풍랑과 파도, 죄책감이었습니다. 게다가 그는 결국 바다에 던져지는 운명이 됩니다. 요나는 물고기 배 속에서 비릿한 죽음의 냄새를 맡았습니다. 그 심연(深淵)에서야 비로소 하나님의 이름을 부르며 그분께 나아옵니다.

그렇습니다. 우리 삶과 존재의 궁극적 원인이신 여호와 하나님을 만나는 것, 그것만이 해결책입니다. 그것만이 희망입니다. 속히 하나님 앞으로 나아오십시오.

2. 죄인 된 우리의 현실을 직면하라

이사야서 1장을 읽어보면 이스라엘 백성이 당면해 있던 여러 죄의 실체가 드러납니다. 특히 21절 이하에 보면 불의와 패역함, 뇌물을 주고받는 등의 부패함, 도둑질, 사회적 약자에 대한 착취와 불평, 재판관들의 부당한 판결 등이 지적되고 있습니다. 이사야 선지자는 이 모든 죄를 가져온 죄의 뿌리가 바로 하나님의 백성이 그들의 주인이신 하나님을 마음에서 떠나보냈기 때문이라고 지적합니다.

소는 그 임자를 알고 나귀는 그 주인의 구유를 알건마는 이스라엘은 알지 못하고 나의 백성은 깨닫지 못하는도다 하셨도다 사 1:3

선민인 이스라엘 백성이 어찌 하나님이 창조자이심을 모르겠습니까. 그럼에도 그들은 하나님을 잊은 무감각한 삶과 하나님에 대한 실제적 불신 속에 살았습니다. 선지자는 이런 것들이 바로 그들이 지은 모든 죄의 뿌리임을 지적합니다. 그리고 이런 삶을 심판하기 위한 법정 증인으로 하늘과 땅을 부릅니다.

하늘이여 들으라 땅이여 귀를 기울이라(하늘아 땅아, 너희 배심원들아, 하나님의 진술에 귀를 기울여라, 《메시지》) 여호와께서 말씀하시기를 내가 자식을 양육하였거늘 그들이 나를 거역하였도다 사 1:2

이 말씀은 우리가 부모의 부모 됨을 부인하고 살아가는 불효한 자식이 되었다는 말입니다. 계속되는 고발을 들어보십시오.

슬프다 범죄한 나라요 허물 진 백성이요 행악의 종자요 행위가 부패한 자식이로다 그들이 여호와를 버리며 이스라엘의 거룩하신 이를 만홀히 여겨 멀리하고 물러갔도다 사 1:4

이사야서에 반복되는 하나님의 명칭은 "이스라엘의 거룩하신 이"입니다. 죄의 본질은 거룩하신 하나님을 거역하는 것입니다. 그리고 모든 죄의 열매는 거룩하지 못한 행위입니다. 이사야 선지자는 우리의 행위는 물론이거니와 우리의 존재 자체가 죄로 물들어 있다고 고발합니다.

발바닥에서 머리까지 성한 곳이 없이 상한 것과 터진 것과 새로 맞은 흔적뿐이거늘 그것을 짜며 싸매며 기름으로 부드럽게 함을 받지 못하였도다 사 1:6

이 구절을 유진 피터슨의 《메시지》 성경으로 다시 읽어봅시다.

온몸으로 나를 거스르는 너희, 머리끝에서 발끝까지, 어디 성한 곳 하나 없다. 온몸이 상처와 멍, 고름 흐르는 종기로 뒤덮였는데, 치료도 받지 못하고, 씻지도 못하고, 붕대도 감지 못했다.

이것이 바로 죄인의 실존입니다. 종교개혁자들은 이런 인간의 존재를 '전적으로 부패한 존재'(totally depraved)라고 말했습니다. 단순히 죄를 범함으로 죄인이 된 것이 아니라, 죄인이기 때문에 죄를 범할 수밖에 없음을 인정하며 하나님 앞에 나아가야 합니다.

3. 하나님의 변론을 신뢰하라

하나님은 우리의 죄인 됨을 아시면서도 우리를 그분의 법정으로 초대하십니다.

"오라, 우리가 서로 변론하자!"

영어성경에서는 이 구절을 "Come now, let us reason together"(NIV)라고 했습니다. 차분하게, 이성적으로 문제를 따져보자는 말입니다. 하나님은 우리가 왜 죄인이 되었으며, 왜 죄의 길에 서 있는지 아십니다. 그분은 우리의 실존을 물들인 이 죄의 깊이와 심연을 정확하게 아시는 유일한 분입니다.

그분은 우리의 죄가 주홍 같고, 진홍 같다고 말씀하십니다. 여기서 '주홍'이란 히브리 단어로 '솨님'(shanim)이며, '거듭 물들여진, 따라서 지워질 수 없음'을 뜻합니다. 마찬가지로 '진홍'(톨라, tolla)도 '짙은 붉은색(심홍색)으로 물들여졌다'라는 뜻입니다. 우리 존재의 심연이 죄로 물들어 버렸습니다. 희망이 없습니다.

그런데 여기, 복음이 있습니다. 우리의 죄가 눈과 같이, 양털처럼 희어질 수 있다고 합니다. 이것이 복음이 아니고 무엇이겠습니까?

인간의 실존적 죄에도 불구하고, 성경은 구원자이신 예수 그리스도를 주셨다고 말합니다. 주홍 같고 진홍 같은 우리 죄에 대한 성경의 해답은 바로 메시아로 이 땅에 오신 예수 그리스도의 십자가 보혈입니다. 이 복음의 메시지를 들어보십시오.

그 아들 예수의 피가 우리를 모든 죄에서 깨끗하게 하실 것이요
요일 1:7

이 해결책을 갖고 계셨기에 그분은 안심하고 우리를 그분의 법정으로 초대하신 것입니다. 심판관이신 하나님이 우리를 긍휼히 여기시고 자비를 베풀고자 하십니다. 쉽게 말하면, 판사가 변호사처럼 우리를 대하고 있다는 것입니다. 이 얼마나 복된 소식입니까! 얼마나 놀라운 사실입니까!

이제 선택만이 남았다

미국 뉴욕에는 '라 과디아(La Guardia) 공항'이 있습니다. 이 공항의 이름은 뉴욕의 훌륭한 시장이었으며 한때 명 판사로 이름을 날렸던 라과디아의 이름을 따라 명명된 것입니다.

그가 판사로 재임하던 1930년 어느 날, 한 노인이 절도혐의로 재판을 받게 되었습니다. 배가 고팠던 노인은 상점에서 빵 한 덩이를 훔친 혐의로 기소되었습니다.

판사가 그 노인에게 물었습니다.

"전에도 빵을 훔친 적이 있습니까?"

"아닙니다. 처음입니다."

판사가 다시 물었습니다.

"왜 그런 일을 했습니까?"

"죄송합니다, 판사님. 저는 그동안 성실하게 살아왔습니다. 그런데 최근에 나이가 많아 직장을 잃은 후 일자리를 얻지 못해 사흘을 굶다가 이런 일을 저지르고 말았습니다."

판사는 잠시 후에 이렇게 판결을 내렸습니다.

"아무리 사정이 딱해도 남의 것을 훔치는 것은 절도행위입니다. 법은 만민에게 평등합니다. 그래서 저는 이 노인에게 10달러의 벌금형을 선고하는 바입니다."

판사의 용서를 믿었던 장내는 술렁거렸습니다. 그러자 판사가 말을 이어갔습니다.

"그러나 이 노인의 절도행위는 이 노인만의 잘못이 아닌, 이 도시에 살고 있는 우리 모두의 책임이기도 합니다. 따라서 이 판결을 맡은 저 자신에게도 10달러의 벌금을 부과합니다. 그리고 여기 있는 우리 모두도 50센트씩, 가능하다면 십시일반으로 이 벌금형에 동참해주시기를 기대합니다."

판사의 판결에 이의를 제기하는 사람은 아무도 없어 보였습니다. 판사는 자기 앞에 놓인 모자에 10달러를 넣은 다음 그 모자를 방청석으로 돌렸습니다. 잠시 후 판사는 거두어들인 돈에서 노인의 벌금 10달러를 빼고 남은 돈 47달러 50센트를 노인의 손에 쥐여주었습니다.

"이제부터는 힘을 내어 정직하고 용기 있게 사십시오."

47달러 50센트를 쥐고 법정을 떠나는 노인의 눈에서는 굵은 눈물방울이 계속 흘러내렸고, 그 모습을 지켜보던 사람들도 동일한 은혜 속에 잠기고 있었습니다.

라과디아 판사의 이 판결은 바로 하나님의 판결을 모방한 것입니다. 하나님은 인류가 받아야 할 죄와 벌을 그분의 아들이신 예수님에게 지우심으로, 그분이 십자가에서 대신 받게 하셨습니다. 그리고 거기서 흘린 아들의 보혈로 우리 죄를 씻겨주셨습니다. 오늘도 그분은 우리에게 말씀하십니다.

오라 우리가 서로 변론하자 너희의 죄가 주홍 같을지라도 눈과 같이 희어질 것이요 진홍같이 붉을지라도 양털같이 희게 되리라 사 1:18

이제 선택은 두 가지밖에 없습니다. 이 초대에 순종하든지, 거절하든지. 이사야는 순종하는 자들에게 이렇게 말합니다.

너희가 즐겨 순종하면 땅의 아름다운 소산을 먹을 것이요 사 1:19

그리고 거절하는 자들에게는 이렇게 말합니다.

너희가 거절하여 배반하면 칼에 삼켜지리라 여호와의 입의 말씀이니라 사 1:20

여기서는 순종하면 천당에 가고, 거절하면 지옥에 간다고 말하지 않습니다. 천당과 지옥을 부인하기 때문이 아니라, 좀 더 실제적인 부분에 초점을 맞추고 있기 때문입니다. 만약 순종하면 이 땅에서도 아름다운 열매를 맺는 행복을 얻게 될 것이요, 거절하면 이 땅에서도 칼에 삼켜지는 불행을 경험할 것이라는 말씀입니다. 천국과 지옥뿐 아니라 이 땅의 행복과 불행도 이 선택에 달려 있습니다.

우리를 하나님의 법정으로 부르시는 이 초대 앞에 순종하시겠습니까, 아니면 거절하시겠습니까?

여호와의 산에 오르자

이사야서 2장 1-5절

—

아모스의 아들 이사야가 받은 바 유다와 예루살렘에 관한 말씀이라 말일에 여호와의 전의 산이 모든 산 꼭대기에 굳게 설 것이요 모든 작은 산 위에 뛰어나리니 만방이 그리로 모여들 것이라 많은 백성이 가며 이르기를 오라 우리가 여호와의 산에 오르며 야곱의 하나님의 전에 이르자 그가 그의 길을 우리에게 가르치실 것이라 우리가 그 길로 행하리라 하리니 이는 율법이 시온에서부터 나올 것이요 여호와의 말씀이 예루살렘에서부터 나올 것임이니라 그가 열방 사이에 판단하시며 많은 백성을 판결하시리니 무리가 그들의 칼을 쳐서 보습을 만들고 그들의 창을 쳐서 낫을 만들 것이며 이 나라와 저 나라가 다시는 칼을 들고 서로 치지 아니하며 다시는 전쟁을 연습하지 아니하리라 야곱 족속아 오라 우리가 여호와의 빛에 행하자

종말론적 비전을 선포한 이사야

우리는 기독교 신앙의 중요한 특성으로 '종말론적 신앙'을 꼽습니다. 이것은 순환론적 신앙을 가르치는 힌두교나 불교의 시간관, 세계관과 아주 대조적입니다. 성경의 시간관에는 처음과 마지막이 분명하게 존재하며, 이런 시간관에 입각하여 세상을 창조하신 하나님을 우리는 '처음과 마지막이 되시고 알파와 오메가가 되시는 하나님'이라고 고백합니다(계 22:13 참조).

우리는 흔히 '처음'이라는 말을 들을 때 장엄하고 아름다운 광경을 상상합니다. 성경의 첫 구절을 보아도 그렇습니다.

태초에 하나님이 천지를 창조하시니라 창 1:1

정말 장엄하고 아름답기까지 한 서사적 표현이 아닐 수 없습니다. 이 한 구절을 묵상하다가 감동을 받아 그리스도인이 된 사람도 많습니다.

이와는 대조적으로 처음이 아닌 마지막을 뜻하는 '종말'이라는 말을 들을 때 사람들은 비극적이고 파괴적인 것을 상상하곤 합니다. 역사에서도 이런 종말에 대한 인간의 두려움을 이용해 자신들을 따르게 만드는 종말론적이고 광신적인 이단들이 끊이지 않았던 것을 볼 수 있습니다.

복음적 선지자였던 이사야는 본문에서 우리가 알아온 종말론과 전혀 다른 종말론적 비전을 제시합니다.

우선 2장 2절의 첫 단어에 주목하십시오. "말일에"(In the last days)라는 표현은 "태초에"(In the beginning)라는 표현과 대조를 이룹니다. 그리고 이어서 소위 메시아 시대 종말의 영광스런 비전이 펼쳐지는 것에 주목하십시오. 그것은 전혀 비관적이지도, 파괴적이지도 않습니다.

여기에는 세 가지 중요한 종말의 예언이 등장합니다. 첫째, 열방 백성이 여호와의 산에 이르러 그 전에서 하나님을 예배하게 된다는 것입니다. 둘째, 태초에 만유를 창조하시던 그 말씀을 시온에서 받고 인류가 그 말씀 가운데 행하게 된다는 것입니다. 셋째, 인류의 모든 전쟁이 끝나고 세상이 평화를 누리게 된다는 것입니다. 이것이 진정한 성경의 종말론입니다. 영광스럽고 아름다운 비전이 아닐 수 없습니다.

그렇다면 이런 종말을 믿는 하나님의 백성은 오늘을 어떻게 살아야 할까요? 이것은 중요한 질문입니다.

사실 본문의 결론은 5절에 기록되어 있습니다.

야곱 족속아 오라 우리가 여호와의 빛에 행하자 사 2:5

구원의 하나님이 한 번 더 그분의 백성들을 초대하십니다. 이는 성경적 종말의 비전을 바라보는 사람들을 종말론적 삶으로 초대하는 것이라고 할 수 있습니다.

종말론적 비전을 품은 성도의 삶

그렇다면 이 비전을 품은 주의 백성의 종말론적 삶은 어떤 모습이어야 합니까?

1. 만방의 하나님을 예배하는 삶

이사야 선지자는 왜 "오라 우리가 여호와의 산에 오르며"라고 우리를 초대하는 것일까요? 이스라엘, 특히 예루살렘에 가서 '여호와의 산'이 어디인지 물으면 사람들은 과거 예루살렘 성전이 세워졌던 '성전산'을 가리킬 것입니다. 이 산은 믿음의 조상 아브라함이 약속의 아들 이삭을 데리고 올라가 제단에 눕혔을 때 모리아 산으로 불리던 시절부터 '여호와의 산'이었습니다.

> 아브라함이 그 땅 이름을 여호와 이레라 하였으므로 오늘날까지 사람들이 이르기를 여호와의 산에서 준비되리라 하더라 창 22:14

그때 이후 모리아 산은 '여호와의 산'으로, 그 산에 성전이 세워지면서부터는 '성전산'(Temple Mountain)으로 불렸습니다. 그러므로 '여호와의 산에 오르자'라는 초대는 이 산에 있는 성전에 올라 여호와 하나님을 함께 예배하자는 뜻입니다.

예배는 인류에게 주어진 가장 고귀한 특권입니다. 인류 역사상 가장 위대하고 놀라운 감동의 순간이 있다면, 역사의 마지막 날 하나님을 반역하고 떠났던 인류가 만방으로부터 이 산으로 몰려와 모든 민족이 함께 하나님을 예배하는 장면일 것입니다. 그것이 바로 본문 2절의 예언입니다.

> 말일에 여호와의 전의 산이 모든 산꼭대기에 굳게 설 것이요 모든 작은 산 위에 뛰어나리니 만방이 그리로 모여들 것이라 사 2:2

이 예언이 실현되는 장면을 성경의 마지막 책인 요한계시록 7장은 이렇게 증언합니다.

> 이 일 후에 내가 보니 각 나라와 족속과 백성과 방언에서 아무도 능히 셀 수 없는 큰 무리가 나와 흰 옷을 입고 손에 종려 가지를 들고 보좌 앞과 어린양 앞에 서서 큰 소리로 외쳐 이르되 구원하심이 보좌에 앉으신 우리 하나님과 어린양에게 있도다 하니 계 7:9,10

그렇습니다. 이사야의 예언이 바로 그날을 향한 종말의 예언이었다면, 오늘 우리가 이 땅에 살면서 민족을 초월하여 열방의 이웃들과 더불어 하나님을 예배하는 삶을 사는 것은 바로 종말론적 삶의 준비입니다.

지구촌교회에는 한국어 예배 외에도 영어와 중국어, 일본어, 그 밖의 동남아시아 여러 언어로 예배하는 모임이 있습니다. 나는 우리가 그런 예배에도 종종 참여하여 여러 언어로 하나님을 찬양하고 예배하는 연습을 해보도록 권하고 싶습니다. 해외 단기선교나 전도여행에 참여하는 것도 자연스럽게 외국인들과 어우러져 하나님을 예배하는 좋은 기회입니다.

그때 우리가 경험하는 신앙고백은 무엇입니까? 우리는 하나님이 비단 한국인의 하나님만이 아니심을 고백하게 됩니다. 중국과 일본, 아시아를 넘어 만인의 하나님을 만나고 느끼고 고백하게 됩니다. 이것이 바로 종말론적 비전의 일부입니다.

차별 없이 모든 민족을 품고 모든 민족에게 하나님의 사랑을 증거하며 그들과 더불어 하나님을 예배하는 일, 그것이 바로 그리스도인이 살아야 할 종말을 향한 성경적 삶입니다.

이제 우리나라도 서서히 다인종, 다문화 사회로 변화하고 있습니다. 최근 통계에 의하면 국내 체류 외국인이 170만 명을 돌파했습니다. 2025년에는 500만 명(전체 인구의 10퍼센트)을 돌파할 것으로 예상됩니다.

이것이 우리 그리스도인에게는 선교의 황금기요, 종말론적 비전을 실현하기 위한 더없이 좋은 기회입니다. 우리의 말과 행동으로 한 사람의 이웃을 따뜻하게 대하고 복음을 나누는 일, 이것이 바로 하나님이 기뻐하시는 종말론적 삶임을 잊지 마십시오.

2. 하나님의 말씀을 실천하는 삶

우리가 여호와의 산에 올랐을 때 일어날 종말론적 비전의 또 다른 모습이 3절에 나타나 있습니다.

그가 그의 길을 우리에게 가르치실 것이라 우리가 그 길로 행하리라 하리니 이는 율법이 시온에서부터 나올 것이요 여호와의 말씀이 예루살렘에서부터 나올 것임이니라 사 2:3

이 구절의 '율법' 앞에는 정관사가 생략되어 있습니다. 즉 여기서 말하는 '율법'은 모세오경의 '그 율법'이 아니라 넓은 의미로서 '하나님의 말씀'을 가리킵니다. 하나님이 만유를 창조하실 때에 선포된 그 창세기 말씀이 말일에 시온에서 선포되어 하나님의 백성이 그 말씀에 순종하며 행할 것을 예언하는 것입니다. 창조 시에 만유 가운데 운행하던 말씀이 종말의 때에 다시 주의 백성을 다스리고 통치할 것입니다. 그 말씀이 바로 하나님의 백성을 비추는 빛입니다.

야곱 족속아 오라 우리가 여호와의 빛에 행하자 사 2:5

여기서 '빛에 행한다'는 것은 구체적으로 무엇을 의미합니까? 시편 기자는 이렇게 말합니다.

주의 말씀은 내 발에 등이요 내 길에 빛이니이다 시 119:105

즉, 우리가 말씀의 빛 가운데서 말씀대로 행하는 것입니다. 그렇다면 우리가 종말의 때에 순종해야 할 그 말씀을 지금부터 우리 삶의 현장에서 실천하며 사는 것은 얼마나 중요한 일입니까?

주님은 단순히 우리의 지적 만족을 위해서 이 말씀을 주신 것이 아닙니다. 우리는 교회에 나올 때마다 설교를 통해 말씀을 듣습니다. 교회뿐만 아니라 기독교 방송 등 다양한 미디어 매체에서 설교가 넘쳐흐릅니다. 그러나 세상은 여전히 어둡고 교회는 세상의 빛이 되지 못합니다. 오히려 질타의 대상이 되고 있습니다. 그 이유는 무엇입니까? 말씀을 듣는 데서 끝나버리기 때문입니다.

말씀을 듣는 것과 말씀을 실천하는 것은 별개의 일입니다. 그럼에도 우리는 자주 말씀을 듣는 것을 말씀을 실천하며 사는 것으로 착각하곤 합니다.

이런 유머를 들은 적이 있습니다. 어느 성도가 천국에 도착했는데 막상 예수님을 만나니 무슨 말을 해야 할지 몰랐습니다. 그래서 그는 얼떨결에 이렇게 말했답니다.

"예수님, 반갑습니다. 그동안 말씀은 많이 들었는데, 실제로 뵙는 것은 처음이네요."

정말 중요한 것은 들은 말씀대로 사는 것입니다. 사도 야고보의 경고를 들어보십시오.

너희는 말씀을 행하는 자가 되고 듣기만 하여 자신을 속이는 자가 되지 말라 약 1:22

그러므로 종말론적 삶의 비전인 말씀을 붙들고, 날마다 이 말씀에 붙잡혀 살아가야 합니다.

3. 하나님의 평화를 구현하는 삶

우리가 종말의 때에 여호와의 산에 올라 경험하게 될 또 하나의 비전이 본문에 기록되어 있습니다.

> 그가 열방 사이에 판단하시며 많은 백성을 판결하시리니 무리가 그들의 칼을 쳐서 보습을 만들고 그들의 창을 쳐서 낫을 만들 것이며 이 나라와 저 나라가 다시는 칼을 들고 서로 치지 아니하며 다시는 전쟁을 연습하지 아니하리라 사 2:4

이것은 그날 주님의 궁극적인 간섭을 통해서 이루어질 비전, 즉 평화의 비전입니다. 인류가 오랫동안 그토록 사무치게 갈망해온 참된 평화가 예루살렘에서부터 이루어진다고 합니다. '예루살렘'은 '평화의 도시'라는 뜻을 담고 있습니다. 그런데 현재 이 세상에서 가장 평화롭지 못한 곳이 예루살렘입니다. 역사를 통해 가장 많은 분쟁을 겪어온 도시이기도 합니다. 그러니 정확하게 말한다면 예루살렘은 '평화를 기다리는 도시'가 더 맞을 듯합니다.

그런데 성경은 거기서부터 진정한 평화가 실현되고, 그 평화가 온 세상에 구현된다고 말씀합니다. 인류의 궁극적이고 진정한 평화는 세계 정상들의 국제적 분쟁 조정이나 UN을 통해 이루어지는 것이 아닙니다. 그것이 가능했다면 벌써 평화가 이루어졌을 것입니다.

그렇다고 해서, 평화는 마지막 날에야 비로소 이루어질 테니 지금은 포기하고 살아야 하는 것일까요? 아닙니다. 마지막 날에 이루어질 평화를 진실로 갈망하고 기대한다면 지금 여기에서의 삶이 불완전하더라도 평화를 위해 노력해야 합니다. 하나님이 그것을 기뻐하시기 때문입니다.

우리 하나님은 평강의 하나님이십니다. 빌립보서에는 "평강의 하나님이 너희와 함께 계시리라"(빌 4:9)라고 기록되어 있습니다. 이사야서 9장 6절은 예수님을 '평강의 왕'(prince of peace)이라고 말씀합니다. 또한 에베소서 2장 14절에서는 "그는 우리의 화평이신지라 둘로 하나를 만드사 원수 된 것 곧 중간에 막힌 담을 자기 육체로 허시고"라고 말씀합니다. 주님은 우리가 평화를 위해 노력할 때 무엇보다 기뻐하십니다.

산상수훈의 팔복을 기억하십니까?

화평하게 하는 자는 복이 있나니 그들이 하나님의 아들이라 일컬음을 받을 것임이요 마 5:9

"화평하게 하는 자"는 영어로 피스 메이커(peace maker)입니다. 이와는 반대로, 가는 곳마다 문제를 일으키는 사람들도 있습니다. 우리는 어떤 사람입니까? 하나님은 평화의 하나님이십니다. 예수님은 평화의 왕이십니다. 그분을 따르고 있는 우리는 평화를 위한 삶을 살아야 합니다. 그러면 그분이 기뻐하십니다. 도저히 평화하기 어려운 이웃과 용서하고 용납하고 평화할 때, 그 순간마다 우리는 종말론적 비전 실현에 동참하고 있는 것입니다. 그래서 바울 사도는 우리에게 이렇게 권면합니다.

할 수 있거든 너희로서는 모든 사람과 더불어 화목하라 롬 12:18

한반도는 지구상 유일한 분단국가로, 현재 북한과 수십 년째 대치 중입니다. 이 땅에 구현되어야 할 평화를 위한 노력, 그것도 바로 종말론적 비전의 하나입니다.

여러 해 전, NGO 단체와 함께 북녘 땅을 돕기 위한 노력의 일환으로 그 땅을 방문한 적이 있습니다. 그때 한 북한 관리가 내게 "이제 선생님들은 우리의 친구요 동지입니다"라고 말했습니다. 그래서 내가 "아닌데요. 그것은 희망사항일 뿐, 아직도 남북의 대치는 계속되고 있고, 우리는 여전히 대치하고 있는 원수가 아닙니까?"라고 대답했습니다.

그러자 그 관리가 그럼 왜 자신들을 지원한다는 명목으로 이 땅에 왔는지 물었습니다. 그래서 내가 이렇게 대답했습니다.

"왜냐하면 저는 하나님을 믿는 사람이고, 그분이 주신 삶의 원리가 기록된 성경이 저에게 '원수를 사랑하라'라고 했기 때문입니다. 그래서 제가 왔습니다."

그랬더니 그 분이 가만히 들으며 깊이 생각하는 듯 했습니다. 아마 지금까지도 그 생각을 계속 하고 있을지도 모르겠습니다.

원수이지만 사랑으로 품고 증오를 평화로 만드는 것, 그것이 종말론적 비전입니다. 그 평화가 실현되도록 오늘도 우리는 여호와의 산에 올라 이 땅의 평화를 위해 기도해야 합니다. 그것이 오늘 우리가 아직도 이 땅에서 사는 이유입니다.

나의 작은 노력, 불완전한 노력일지라도, 평화의 하나님, 그 하나님의 자녀로, 평화의 주님, 그 주님의 제자로 평화를 만들 때 그분이 기뻐하십니다. 우리의 삶이 그렇게 쓰임 받는 복된 인생이 되길 바랍니다.

03

말라버린 싹에 덧입혀진 희망

이사야서 4장 2-6절
—

그날에 여호와의 싹이 아름답고 영화로울 것이요 그 땅의 소산은 이스라엘의 피난
한 자를 위하여 영화롭고 아름다울 것이며 시온에 남아 있는 자, 예루살렘에 머물러
있는 자 곧 예루살렘 안에 생존한 자 중 기록된 모든 사람은 거룩하다 칭함을 얻으
리니 이는 주께서 심판하는 영과 소멸하는 영으로 시온의 딸들의 더러움을 씻기시며
예루살렘의 피를 그중에서 청결하게 하실 때가 됨이라 여호와께서 거하시는 온 시
온 산과 모든 집회 위에 낮이면 구름과 연기, 밤이면 화염의 빛을 만드시고 그 모든
영광 위에 덮개를 두시며 또 초막이 있어서 낮에는 더위를 피하는 그늘을 지으며 또
풍우를 피하여 숨는 곳이 되리라

희망의 싹이 되시는 메시아

김종순 아동문학가가 쓴 글 중에 〈새순이 돋는 자리〉라는 시가 있습니다.

새순은
아무 데나
고개 내밀지 않는다.

햇살이 데운 자리
이슬이 닦은 자리

세상에서
가장
맑고 따뜻한 자리만 골라

한 알 진주로
돋아난다.

이사야서 4장 2절은 "그날에"라는 말로 시작합니다. 그날, 곧 메시아가 오시는 그날의 주인공을 이사야 선지자는 "여호와의 싹"이라고 부릅니다. 여기서 '싹'(히브리어 tsemach, 체마크)은 달리 말하면 '순', '가지'(branch)입니다. 왜 선지자는 오실 메시아를 새싹, 새

순, 새 가지라고 불렀을까요? 새싹은 새 생명, 새 희망을 상징하기 때문입니다. 우리말에도 희망이 있거나 없음을 "싹수가 있다", "싹수가 노랗다"라고 표현합니다. 식물이 병들면 단풍이 들지 않았는데도 노랗게 변색됩니다. 이렇게 되면 앞으로 열매를 기대할 수 없습니다.

"싸가지가 있다", "싸가지가 없다"는 말도 본래 '싹' 혹은 '싹수'에서 파생한 말이라고 합니다. '싸가지'는 '싹'이라는 말에 '아지'를 덧붙인 것인데, '아지'는 '새끼'를 뜻하기에 싸가지는 '새끼 싹'을 말합니다. 어떤 의미에서든 싹은 생명이나 희망을 뜻하는 말입니다.

지속되는 전쟁, 오래 지탱하지 못하고 흔들리는 왕권 사이에서 여호와의 백성은 깊은 체념과 절망에 익숙해지고 있었습니다. 그때, 이사야 선지자가 돌연히 '그날이 온다'고 선언합니다. 그날 여호와의 새싹이 이 땅에 돋아날 것이라며 희망을 선포하고 예언합니다.

아동문학가 김종순의 시처럼 여호와 하나님은 햇살이 데운 자리, 이슬이 닦은 자리, 지구촌의 한 모서리, 언약의 땅에 그분의 새순, 새싹 되신 그리스도를 보낼 준비를 하고 계셨던 것입니다.

새싹이 되시기 위한 필요충분조건

오실 메시아, 그리스도가 희망의 새싹이 될 수 있었던 이유는 무엇입니까?

1. 하늘 책에 기록된 자들

이사야는 "시온에 남아 있는 자, 예루살렘에 머물러 있는 자 곧 예루살렘 안에 생존한 자 중 기록된 모든 사람은 거룩하다 칭함을 얻으리니"(3절)라고 말합니다. 여기서 중요한 것은 '기록된'이라는 표현입니다. 이 표현은 하나님의 거룩한 백성이 된 자들에 대한 최고의 명예로, 그들의 이름이 하늘의 책에 기록되어 있다는 뜻입니다.

그들은 끝까지 구원이 보장된 자들입니다. 다니엘서 12장 1절은 이렇게 증언합니다.

> 그때에 네 백성 중 책에 기록된 모든 자가 구원을 받을 것이라
>
> 단 12:1

예수님이 제자들을 전도하러 보내신 후 그들이 돌아와 보고할 때 하신 말씀도 기억해보십시오.

> 그러나 귀신들이 너희에게 항복하는 것으로 기뻐하지 말고 너희 이름이 하늘에 기록된 것으로 기뻐하라 하시니라 눅 10:20

바울 사도도 빌립보 교우들이 복음의 동역자들을 도와야 할 이유를 이렇게 이야기합니다.

> 그 이름들이 생명책에 있느니라 빌 4:3

우리는 함께 영생을 상속할 자들입니다. 한 사람이 예수 그리스도를 구주 메시아로 알고 그분을 신뢰하는 순간, 그 사람에게 일어나는 가장 중요한 사건은 그의 이름이 하늘의 생명책에 하나님의 거룩한 백성으로 기록된다는 것입니다. 본문에서는 이를 "거룩하다 칭함을 얻으리니"라고 표현합니다. 우리는 본래 거룩함과 상관없는 인생을 살아왔습니다. 그런데 메시아가 주시는 은혜로 거룩하다고 칭함을 얻은 자가 된 것입니다.

이런 거룩한 자를 신약적 표현으로는 '성도'라고 부릅니다(고전 1:2 참조). '성도'라는 표현의 영어 단어는 'saints'로, '성자'라고도 번역되며, 가톨릭에서는 '성인'이라고 표현합니다. 가톨릭에서는 아주 특별한 영향력을 미친 이들을 시성식을 통해 성인으로 선포합니다. 그러나 성경은 예수님을 믿는 모든 자를 성도 혹은 성인이라고 칭합니다. 물론 이것은 전적으로 구세주의 은혜에 따른 것입니다.

이를 교리적으로는 '칭의'(justification)라고 합니다. 죄인인 우리가 의롭다 칭함을 얻게 되었다는 말입니다(롬 3:24 참조). 죄인인 우리가 어떻게 거룩하고 의롭다 칭함을 얻을 수 있습니까? 종교개혁자들은 이것을 '전적인 은혜'(sola Gratia)라고 말합니다. 이는 정말 놀라운 은혜입니다.

우리의 새 생명, 새싹 되신 메시아 예수 그리스도께서 우리에게 주신 최고의 희망, 그것은 죄인이었던 우리가 하나님의 책에 거룩한 성도로 기록된 사건입니다. 이 사건은 말라버린 싹에 생명이 더해져 새싹이 난 것과 같습니다.

2. 청결함의 은혜를 입게 하신 예수님

우리가 이렇게 거룩한 존재로 칭함을 얻기 위해서 먼저 해야 할 과제가 있습니다. 그것은 청결하게 되는 일입니다. 우리는 모두 불결한 죄인들이었습니다. 그런데 메시아가 오시는 그날 우리에게 은혜가 주어질 것입니다. 이사야는 이에 대해 이렇게 말합니다.

이는 주께서 심판하는 영과 소멸하는 영으로 시온의 딸들의 더러움을 씻기시며 예루살렘의 피를 그중에서 청결하게 하실 때가 됨이라
사 4:4

모든 죄는 우리 영혼 안에 깊은 죄책감을 남깁니다. 그때 우리 영혼은 정결함의 갈망을 안고 하나님께 나아오게 됩니다. 그리고 이렇게 기도하게 됩니다.

나 행한 것 죄뿐이니 주 예수께 비옵기는
나의 몸과 나의 맘을 깨끗하게 하옵소서
물 가지고 날 씻든지 불 가지고 태우든지
내 안과 밖 다 닦으사 내 모든 죄 멸하소서
_ 나 행한 것 죄뿐이니, 새찬송가 274장

1700년대 중반, 영국의 변호사이자 시인이었던 윌리엄 카우퍼 (William Cowper)는 정신병에 시달렸습니다. 그는 환시와 환청을

통해 자신은 더러운 존재이며 저주를 받으려고 태어난 존재라는 어둠의 소리를 들었습니다. 그러나 그를 아끼던 〈어메이징 그레이스〉의 작사자 존 뉴턴 목사를 위시한 그리스도인들의 도움으로 성경을 읽기 시작했고, 어느 날 로마서 3장 25절의 말씀을 읽다가 처음으로 영적 자유를 느낍니다.

이 예수를 하나님이 그의 피로써 믿음으로 말미암는 화목제물로 세우셨으니 이는 하나님께서 길이 참으시는 중에 전에 지은 죄를 간과하심으로 자기의 의로우심을 나타내려 하심이니 롬 3:25

이때 그가 펜을 들어 작시한 찬송가가 그 유명한 〈샘물과 같은 보혈은〉입니다.

샘물과 같은 보혈은 주님의 피로다
보혈에 죄를 씻으면 정하게 되겠네

죄 속함 받은 백성은 영생을 얻겠네
샘 솟듯 하는 피 권세 한없이 크도다

날 정케 하신 피 보니 그 사랑 한없네
살 동안 받는 사랑을 늘 찬송하겠네
_ 샘물과 같은 보혈은, 새찬송가 258장

우리가 예수 그리스도 앞에 나아오는 순간, 우리를 깨끗하게 하시는 소멸의 영이신 성령이 우리의 존재를 청결하게 하는 은혜를 입혀주십니다. 스가랴 선지자는 그 감격을 이렇게 예언합니다.

그날에 죄와 더러움을 씻는 샘이 다윗의 족속과 예루살렘 주민을 위하여 열리리라 슥 13:1

복음의 선지자 이사야도 메시아의 새 생명, 새싹의 은혜를 입는 감격을 동일하게 증언합니다. "시온의 딸들의 더러움을 씻기시며 … 청결하게 하실"(사 4:4). 이와 같은 은혜가 우리에게도 임하길 기도합니다.

3. 성도의 피난처가 되신 메시아

메시아가 우리에게 새 희망의 싹인 이유가 하나 더 있습니다.

여호와께서 거하시는 온 시온 산과 모든 집회 위에 낮이면 구름과 연기, 밤이면 화염의 빛을 만드시고 그 모든 영광 위에 덮개를 두시며 또 초막이 있어서 낮에는 더위를 피하는 그늘을 지으며 또 풍우를 피하여 숨는 곳이 되리라 사 4:5,6

그분은 우리의 피난처가 되십니다. 낮에는 구름 기둥으로 밤에는 불기둥으로 우리를 보호하시고, 더위와 풍우에서 안전하게 지키시며, 피난처가 되어주신다고 했습니다.

이것은 성도의 삶에서 일체의 고난을 면제하시겠다는 약속이 아닙니다. 하나님만이 아시는 어떤 이유 때문에 고통과 환난과 더위와 폭풍우가 끊임없이 우리의 삶을 몰아세우지만, 그럼에도 메시아이신 그분이 우리를 지켜주시고 우리가 피하여 숨을 피난처가 되어주시겠다는 언약입니다.

윌리엄 카우퍼는 정신병과 싸웠습니다. 그는 생애 전반에 네 번이나 자살을 시도했지만, 이상하게 매번 실패했습니다. 처음에는 마차를 타고 마부에게 데임즈 강으로 가자고 말했습니다. 강에 투신할 생각이었습니다. 그런데 이 청년의 태도가 수상하다고 여긴 마부가 그를 지켜보다가 투신하려는 그를 붙들고 죽을 용기로 살아보라고 설득했습니다. 두 번째는 약국에서 산 극약으로 음독자살을 하려고 했습니다. 그러나 그가 극약을 먹었을 때 마침 이웃이 찾아와 그를 발견하고 해독제를 먹였습니다. 세 번째로 그는 자기 손목을 면도날로 그어 죽으려고 했습니다. 그런데 손목을 긋는 순간 날이 부러져 자살기도가 또 실패했습니다. 네 번째로 그는 목을 매어 인생을 끝내고자 했습니다. 그런데 마침 이웃이 문을 두드리고 들어와 매달려 있는 그를 풀어 병원에 데려가 살렸습니다.

그는 자신이 죽을 수도 없는 운명이라는 것을 깨달았습니다. 그는 예수님을 만난 후에도 여전히 정신병과 사투를 벌였지만 끝까지 삶을 포기하지 않았고, 결국 69세까지 살면서 널리 알려진 찬송시만 67여 곡을 지으며 영국 역사에 남는 위대한 시인이 되었습니다.

윌리엄 카우퍼가 예수님을 만나고 작사한 찬송가에 〈주 하나님 크신 능력〉이 있습니다.

주 하나님 크신 능력 참 신기하도다
바다와 폭풍 가운데 주 운행하시네

참 슬기로운 그 솜씨 다 측량 못하네
주님 계획한 그 뜻은 다 이루어지도다

검은 구름 우리들을 덮을지라도
그 자비하신 은혜로 우리를 지키네

어둠에서 소경같이 나 헤맬지라도
주 나를 불쌍히 보사 앞길을 비추리
_ 주 하나님 크신 능력, 통일찬송가 80장

사실 이 찬송시의 한국어 번역은 원문의 의미를 충분히 살리지 못한 듯합니다. 이 찬송시의 원문은 이렇게 시작합니다.

"God moves in a mysterious way"(하나님은 신묘하게 일하시는도다).

그의 시 전문을 다시 번역해보면 이렇습니다.

하나님은 신묘하게 일하시는도다
그분은 기사를 행하시고
바다에 그 자취를 남기시며
폭풍우를 타고 행하시는도다

저 깊은 광산을 뚫어
그 신묘한 기술로
보물을 건져 올리시고
그 주권적인 뜻을 행하시는도다

두려워하는 성도여,
새 용기를 가질지니
짙은 구름을 깨트리는 큰 긍휼로
네 머리를 두르시는도다

불완전한 감각으로
주를 판단치 말라
그분의 은혜를 신뢰할지니
엄숙한 섭리 뒤에
미소 짓는 얼굴을 숨기시는도다

그분의 목적은 곧 열매를 맺을지니

매 순간 이를 펼쳐 보이시는도다
그 싹은 비록 쓴맛을 지닐지라도
그 꽃은 달콤하기만 하다네

맹목의 불신으로 그분을 잘못 판단하고
그분의 사역을 덧없이 탓하는 우리여도
하나님은 자신의 해석자,
마침내 그분은 모든 것을
분명하게 하실지로다

메시아는 오늘도 우리의 희망이십니다. 구원이십니다. 그러므로 오늘도 우리의 새싹 되신 그리스도께서 우리 마음 안에 자라게 하십시오. 그분의 생명이 우리를 다스리는 그곳에 우리의 성숙, 우리의 승리가 있을 것입니다. 그 여호와의 싹, 그리스도의 생명이 오늘도 우리 안에 자라는 은혜를 누리는 모두가 되기를 기대합니다.

CHAPTER

04

누가 우리를 위하여 갈꼬

이사야서 6장 6-10,13절

—

그때에 그 스랍 중의 하나가 부젓가락으로 제단에서 집은 바 핀 숯을 손에 가지고 내게로 날아와서 그것을 내 입술에 대며 이르되 보라 이것이 네 입에 닿았으니 네 악이 제하여졌고 네 죄가 사하여졌느니라 하더라 내가 또 주의 목소리를 들으니 주께서 이르시되 내가 누구를 보내며 누가 우리를 위하여 갈꼬 하시니 그때에 내가 이르되 내가 여기 있나이다 나를 보내소서 하였더니 여호와께서 이르시되 가서 이 백성에게 이르기를 너희가 듣기는 들어도 깨닫지 못할 것이요 보기는 보아도 알지 못하리라 하여 이 백성의 마음을 둔하게 하며 그들의 귀가 막히고 그들의 눈이 감기게 하라 염려하건대 그들이 눈으로 보고 귀로 듣고 마음으로 깨닫고 다시 돌아와 고침을 받을까 하노라 하시기로 … 그중에 십분의 일이 아직 남아 있을지라도 이것도 황폐하게 될 것이나 밤나무와 상수리나무가 베임을 당하여도 그 그루터기는 남아 있는 것같이 거룩한 씨가 이 땅의 그루터기니라 하시더라

참을 수 없는 존재의 가벼움

인생은 무거운 것일까요, 가벼운 것일까요? '나'라는 인간 존재는 무거운 것일까요, 가벼운 것일까요? 우리 시대에 그런 존재론적 물음을 던짐으로 화제가 된 책이 1984년 출간된 밀란 쿤데라의 소설 《참을 수 없는 존재의 가벼움》입니다.

이 책은 얽혀버린 네 주인공의 사랑 이야기입니다. 토마시와 테레자, 사비나, 프란츠가 그 주인공들입니다. 젊고 유능한 의사인 토마시는 가벼움을 동경하는 사람입니다. 그는 어떤 무거운 관계의 굴레도, 이념의 속박도 거부합니다. 그의 아내 테레자는 무거움으로 대표되는 여인입니다. 토마시와의 만남을 운명으로 여기고 정치적 신념을 중하게 여기는 테레자는 사랑의 대상을 쉽게 옮겨다니는 토마시의 가벼움을 견딜 수 없어 합니다. 토마시에게 테레자는 우연의 산물이지만, 테레자에게 토마시는 운명입니다. 토마시의 또 다른 여인 사비나는 자신을 둘러싼 모든 정치적, 사회적 구속에서 철저하게 자유를 추구하는 여인으로 테레자와는 정반대의 삶을 추구합니다.

토마시는 무거움과 가벼움으로 상징되는 두 여인 사이에서 방황하며 자아를 탐색합니다. 자유분방하고 독립적인 여인 사비나는 자신의 자유를 지키기 위해 자신을 사랑하는 대학교수 프란츠를 배신함으로써 구속을 거부합니다. 저자는 아마도 인생의 실존 자체는 무거운 것이지만 우리는 깃털처럼 가벼운 순간의 자유, 그 허무의 몸짓으로 삶을 이어나간다고 말하는 것 같습니다.

그러나 기독교적 관점에서 가장 무거운 인생의 짐은 바로 죄와 악의 굴레입니다. 도스토예프스키의 소설《죄와 벌》의 주인공 라스콜리니코프는 합리적 무신론자입니다. 그는 인간 사회에 전적으로 무가치한 전당포 노인쯤은 살해해도 문제가 되지 않는다고 믿었습니다. 그래서 이 노파를 정당하게 살해했고, 그 과정에서 살해현장을 목격한 노파의 여동생까지 살해합니다.

그러나 그의 마음은 두 사람을 살해한 후부터 흔들립니다. 내면 깊은 곳에서 죄의식이 싹트기 시작한 것입니다. 그는 창녀 소냐와의 만남을 통해 자신의 죄를 깨닫고, 새로운 자유를 꿈꾸며 시베리아로 유형생활을 떠납니다. 결국 그는 존재의 무거움을 해결하는 마지막 자유를 위해 십자가의 복음을 받아들입니다.

그렇습니다. 복음이야말로 인간 존재의 짐을 가볍게 하는 유일한 해답입니다.

이제 어떻게 살 것인가

그렇다면 십자가를 통해 이런 죄 사함의 자유를 경험한 사람들이 할 일은 무엇입니까? 본문은 이사야 선지자가 하나님 앞에 나아가 은혜 받은 경험을 고백하는 것으로 시작합니다. 그것은 죄 사함의 은혜입니다. 하나님의 천사로부터 이사야가 받은 복음의 메시지를 들어보십시오.

그것을 내 입술에 대며 이르되 보라 이것이 네 입에 닿았으니 네 악이

제하여졌고 네 죄가 사하여졌느니라 사 6:7

문자 그대로 이사야가 존재의 가벼움, 참된 해방을 느낀 순간입니다. 그렇다면 이제 그는 어떻게 살아야 합니까? 그때 이사야가 다시 주의 음성을 듣습니다.

내가 누구를 보내며 누가 우리를 위하여 갈꼬 사 6:8

하나님은 죄 사함을 경험한 이사야에게 복음을 전하기 위해 누가 가겠느냐고 물으십니다. 동일한 하나님의 은혜를 경험한 자라면, 이 음성에 대한 우리의 응답은 무엇이어야 합니까?

1. 가서 전하라

이사야는 주의 물음에 무엇이라고 답합니까?

"그때에 내가 이르되 내가 여기 있나이다 나를 보내소서."

이사야의 대답에 하나님은 다시 말씀하십니다.

"여호와께서 이르시되 가서 이 백성에게 이르기를."

그들에게 가서 하나님의 말씀을 전하라는 것입니다. 이사야가 경험한 하나님, 그가 들은 하나님의 음성을 전하라는 것입니다. 그것이 바로 증인의 사명이기 때문입니다.

하나님은 에스겔 선지자에게도 명하십니다.

너는 이 두루마리를 먹고 가서 이스라엘 족속에게 말하라 겔 3:1

하나님은 요나 선지자에게도 두 번씩이나 같은 말로 명하십니다.

너는 일어나 … 가서 … 외치라 욘 1:2
일어나 … 가서 … 선포하라 욘 3:2

예수님은 열두 제자를 파송하시면서 이렇게 말씀하십니다.

가면서 전파하여 말하되 천국이 가까이 왔다 하고 마 10:7

그리고 승천하시면서 제자들을 향해 이렇게 말씀하십니다.

오직 성령이 너희에게 임하시면 너희가 권능을 받고 예루살렘과 온
유대와 사마리아와 땅 끝까지 이르러 내 증인이 되리라 하시니라
행 1:8

사도행전 1장 8절에 등장하는 명령의 우선순위는 예루살렘이었
습니다. 예루살렘은 당시 제자들에게 가장 가까운 도시였습니다.
우리도 가장 가까이 있는 이웃들에게 증인의 사명을 감당해야 합
니다. 그리고 단기선교와 전도여행을 통해 문자 그대로 '땅 끝까지'
나아가 복음을 전해야 합니다.

증인은 본 대로, 경험한 대로 증언하는 사람입니다. 내가 경험한 하나님과 예수님, 신앙, 복음을 그대로 전하면 됩니다. 때가 늦기 전에, 가서 전하십시오. 그것이 예수님의 증인 된 우리의 사명입니다.

2. 결과를 낙관하지 말라

하나님은 이사야를 보내시며 사람들이 불신앙과 강퍅함으로 복음을 거절할 것에 대비하게 하십니다. 그들이 복음을 거절할 때 증인 된 이사야가 너무 좌절하거나 실망하지 않도록 배려하신 것입니다. 죄로 말미암아 강퍅해진 죄인들이 복음을 거절하는 것은 하나도 이상한 일이 아니며 오히려 당연한 반응입니다.

> 여호와께서 이르시되 가서 이 백성에게 이르기를 너희가 듣기는 들어도 깨닫지 못할 것이요 보기는 보아도 알지 못하리라 하여 사 6:9

이어지는 10절에서는 만일 그들이 복음에 반응한다면 그것이 오히려 걱정거리가 될 것이라는 하나님의 역설이 전해집니다.

> 이 백성의 마음을 둔하게 하며 그들의 귀가 막히고 그들의 눈이 감기게 하라 염려하건대 그들이 눈으로 보고 귀로 듣고 마음으로 깨닫고 다시 돌아와 고침을 받을까 하노라 사 6:10

이 구절의 마지막 대목을 《새번역》 성경은 이렇게 번역합니다.

그들이 보고 듣고 깨달았다가는 내게로 돌이켜서 고침을 받게 될까 걱정이다.

이 구절이 정말 하나님이 죄인들의 회심을 원하시지 않는다는 의미일까요? 같은 구절이 로마에서 복음을 전하는 바울의 전도 사건에 어떻게 적용되는지 보십시오. 우선 사도행전 28장에 보면, 바울이 율법과 선지자의 말을 인용하면서 예수님을 전하는 모습이 나옵니다. 사도행전 기자는 그 일에 대한 사람들의 반응을 기록하며, 이런 반응이 바로 이사야 선지자의 예언의 실현임을 선포합니다.

그 말을 믿는 사람도 있고 믿지 아니하는 사람도 있어 서로 맞지 아니하여 흩어질 때에 바울이 한 말로 이르되 성령이 선지자 이사야를 통하여 너희 조상들에게 말씀하신 것이 옳도다 일렀으되 이 백성에게 가서 말하기를 너희가 듣기는 들어도 도무지 깨닫지 못하며 보기는 보아도 도무지 알지 못하는도다 행 28:24-26

그리고 27절에서는 이사야서의 본문을 인용하면서도 약간 다르게 번역하고 있습니다. 이 말씀을 하신 하나님의 본심을 이 구절을 통해 의역하고 있는 것 같습니다.

이 백성들의 마음이 우둔하여져서 그 귀로는 둔하게 듣고 그 눈은 감았으니 이는 눈으로 보고 귀로 듣고 마음으로 깨달아 돌아오면 내

가 고쳐줄까 함이라 _{행 28:27}

하나님의 진심은, 누구든지 깨닫고 돌아오면 고치고 구원하시겠다는 것입니다. 그래서 그 다음에 나오는 28절은 긍정의 선언으로 마무리됩니다.

그런즉 하나님의 이 구원이 이방인에게로 보내어진 줄 알라 그들은 그것을 들으리라 _{행 28:28}

많은 사람이 복음을 거절할 것입니다. 들어도 듣지 못한 사람, 보아도 보지 못하는 사람처럼 말입니다. 그러나 모두가 그런 것은 아닙니다. 여기, 우리가 기대해야 할 마지막 소망의 응답이 있습니다.

3. 남은 자의 응답을 기대하라

결과를 낙관하지 마십시오. 그러나 포기하지도 마십시오. 그것이 이사야서 6장 마지막 구절의 약속입니다.

그중에 십분의 일이 아직 남아 있을지라도 이것도 황폐하게 될 것이나 밤나무와 상수리나무가 베임을 당하여도 그 그루터기는 남아 있는 것같이 거룩한 씨가 이 땅의 그루터기니라 하시더라 _{사 6:13}

나무를 찍어내어도 그루터기는 남습니다. 그 그루터기가 새 생명의 근원이 되고, 이를 통해 복음의 새 역사가 일어납니다. 세상 모든 사람이 복음을 거절하는 것 같아도 복음을 믿고 받아들일 그루터기 같은 자들이 있습니다. 그 그루터기를 만날 때까지, 그 남은 자들을 만날 때까지 우리는 복음 전도를 포기하지 말아야 합니다.

본문은 적어도 10분의 1의 사람들이 남아 있을지도 모른다고 말씀합니다. 내가 열 사람에게 복음을 전했을 때 아홉 사람은 거절할지도 모릅니다. 그러나 그중 한 사람만이라도 복음을 듣고 주님을 영접한다면 그것으로 된 것입니다. 그러니 그 한 사람을 주님 앞으로 인도하기 위해 열 사람을 초대할 준비를 해야 하지 않겠습니까?

'여호와의 증인'이라는 이단에 속한 사람들의 방문을 받아본 사람이 꽤 많을 것입니다. 그들은 1,000분의 1의 가능성을 안고 전도한다는 말을 들은 적이 있습니다. 잘못된 복음을 가진 그들이 한 사람을 전도하기 위해 그렇게 많은 사람을 만난다면, 우리는 한 영혼을 인도하기 위해 몇 사람을 만나야 하겠습니까?

복음을 전하기 위해 엄청난 노력을 했지만 너무나 적은 열매밖에 거두지 못한 대표적인 사람이 바로 노아입니다. 노아는 오랫동안 참고 기다리며 구원의 방주 안으로 사람들을 초대했지만(벧후 2:5, "의를 전파하는 노아"), 성경은 "방주에서 물로 말미암아 구원을 얻은 자가 몇 명뿐이니 겨우 여덟 명이라"(벧전 3:20)라고 말씀합니다.

하나님은 이런 노아의 노력을 실패로 간주하실까요? 아닙니다. 구원을 얻은 그 몇 사람으로 말미암아 홍수 이후 새로운 구원의 시대가 열렸습니다. 히브리서 기자가 노아에 대해 증언하는 바를 들어보십시오.

믿음으로 노아는 아직 보이지 않는 일에 경고하심을 받아 경외함으로 방주를 준비하여 그 집을 구원하였으니 이로 말미암아 세상을 정죄하고 믿음을 따르는 의의 상속자가 되었느니라 히 11:7

단 한 명의 영혼이라도 구원하여 의의 상속자 반열에 서는 영광을 누리지 않겠습니까? 사랑하는 가족과 친구들이 예수님의 십자가 앞으로 나아와 평생의 무거운 죄짐을 내려놓고 존재의 해방과 안식을, 그 설명할 수 없는 존재의 아름다운 가벼움을 경험하는 순간을 보지 않겠습니까? 그 환희와 축복의 순간을 나누어주지 않겠습니까?

주님은 우리에게 말씀하십니다. 우리를 사랑하시는 아버지 하나님, 우리를 사랑하사 자신의 몸을 십자가에서 내어주신 성자 예수님, 그리고 성부와 성자의 부름을 받아 우리의 마음 문을 두드리시는 성령이 말씀하십니다. 그렇게 "누가 우리를 위하여 갈꼬" 물으시는 주님 앞에 이렇게 고백합시다.

"주여, 내가 여기 있사오니 나를 보내소서. 내가 가서 전하겠습니다. 듣든지 아니 듣든지, 가서 이 복음을 전하겠습니다."

입술을 열어 복음을 전하는 순간, 우리는 책임을 다한 것입니다. 성령이 나머지 일을 해주실 것입니다. 남은 자들이 돌아올 것입니다. 그루터기가 생명의 싹을 틔울 것입니다. 이 놀라운 일을 맛보는 우리 모두가 되길 바랍니다.

YESTERDAY'S PROPHECY

임마누엘로 오시다

PART 2

이 위대한 징조를 보라

이사야서 7장 14절

—

그러므로 주께서 친히 징조를 너희에게 주실 것이라 보라 처녀가 잉태하여 아들을 낳을 것이요 그의 이름을 임마누엘이라 하리라

길조를 바라는 인간의 마음

사람들은 어떤 현상을 보고 흉조(凶兆)나 길조(吉兆)라는 표현을 사용합니다. 미래를 확실히 알지 못하는 우리는 누구나 흉조보다는 길조를 만나기를 소원합니다. 그런데 우리가 흔히 흉조라고 생각했던 것이 길조로 변하는 일이 있습니다.

우리나라는 오래전부터 까마귀의 출현을 흉조로 여겨왔습니다. 우리 민족은 흰색을 좋아했지만 까마귀는 온몸이 검정색인데다 우람한 체격이 위압적으로 다가왔고 "까악, 까악" 하는 큰 울음소리도 친근하지 않았기 때문에 그런 편견을 낳지 않았나 싶습니다.

그런데 최근에 이 까마귀의 특성을 세밀하게 연구하기 시작하면서 이 새는 흉조가 아니라 길조를 나타내는 동물이라는 새로운 증언들이 소개되고 있습니다. 우선 까마귀는 어미 새에게도 성실하게 먹이를 공급하는 효심을 가졌을 뿐 아니라, 동생들을 잘 키우는 돌봄의 온정이 넘치는 새라고 합니다.

조류학자들은 실제로 까마귀처럼 인류에게 도움이 되는 새도 많지 않다고 말합니다. 까마귀 떼의 배설물은 양질의 거름이 되어 농사에 도움을 주고, 잡식성인 까마귀가 해충을 잡아먹어서 자연의 청소부 역할을 한다고 합니다.

울산 태화강변의 삼호대숲에는 5만여 마리의 까마귀가 날아와 월동을 하는데, 이러한 현상을 두고 조류학자나 환경운동가들은 울산에 좋은 일이 생길 길조가 찾아왔으니 온 시민이 반겨야 할 일이라고 말했습니다.

가장 위대한 예언

이사야서 7장 14절은 기독교인이 아닌 사람들도 한 번쯤은 들어봤을 법한, 특히 성탄의 계절이 되면 많이 읽히고 소개되는 말씀입니다. 이 말씀은 남자를 알지 못하는 한 처녀를 통해 인류의 구세주가 탄생할 것이라는 예언으로, 짐작하시는 대로 마리아를 통해 예수님이 성령으로 잉태되고 출생할 것이라는 예언입니다. 인류 역사상 가장 위대한 길조가 증언되고 있습니다.

이 사건을 이야기할 때면 작고하신 우리나라 코미디계의 원로, 고(故) 구봉서 장로님의 말씀이 생각납니다. 그 분이 예수를 믿게 되었다고 하니까 친구들이 와서 "자넨 처녀 마리아가 예수를 잉태했다는, 그 말도 안 되는 얘기를 믿는 건가?" 하고 물었답니다. 그때 이분이 이렇게 대답했다고 합니다.

"마리아의 남편인 요셉도 가만히 있는데, 자네들이 누구라고 이렇게 나서서 난리인가?"

명답입니다.

그래도 의문은 쉽게 가시질 않습니다. 도대체 구세주가 되실 예수님이 마리아라는 한 처녀를 통해 탄생한 사건이 인류에 왜 그렇게 큰 축복의 징조이자 위대한 징조가 된 걸까요? 그 비밀은 마리아를 통해 탄생할 그분의 별명에 있습니다.

그의 이름을 임마누엘이라 하리라 마 1:23

신약성경 첫 번째 책인 마태복음 1장에서 천사는 요셉에게 마리아가 성령으로 잉태된 것을 알리며 이렇게 이야기합니다.

아들을 낳으리니 이름을 예수라 하라 이는 그가 자기 백성을 그들의 죄에서 구원할 자이심이라 하니라 마 1:21

'예수'라는 이름의 뜻은 '구원'입니다. 그분은 무엇보다 구원자로서 이 땅에 오셨습니다. 그런데 성경은 거기서 끝나지 않고 마리아의 예수 잉태와 출산이 700여 년 전 이사야 선지자의 예언의 성취임을 알리고 있습니다.

이 모든 일이 된 것은 주께서 선지자로 하신 말씀을 이루려 하심이니 이르시되 보라 처녀가 잉태하여 아들을 낳을 것이요 그의 이름은 임마누엘이라 하리라 하셨으니 이를 번역한즉 하나님이 우리와 함께 계시다 함이라 마 1:22,23

인간의 몸으로 이 땅에 오신 예수님

'예수'가 그분의 공식적인 이름이라면 '임마누엘'은 그분이 이 땅에 오셔서 행하실 미션을 나타내는 별명이라고 할 수 있습니다. 예수님이 마리아라는 여인을 통해서 이 땅에 오신 이유가 무엇입니까?

1. 구원의 하나님을 계시하신 예수님

'임마누엘'에서 '임'은 영어로 'with'(함께)라는 의미이고, '엘'은 '하나님'을 뜻합니다. 따라서 임마누엘은 "하나님이 우리와 함께하신다"(God is with us)라는 의미입니다. 우리와 함께하시기 위해 우리 가운데 인간의 모습으로 오신 하나님, 그분이 바로 예수님이십니다. 기독교 신학에서는 이 사건을 '성육신'(成肉身, incarnation)이라고 부릅니다.

한 선교사가 하나님이 인간이 되어 이 땅에 오셔야 했던 이유를 한 청년에게 설명하고 있었습니다. 마침 그들 앞으로 개미 떼가 지나가고 있었는데, 바로 앞에 절벽이 있어 조금 있으면 개미 떼의 추락사고가 일어날 판이었습니다.

이때 선교사가 청년에게 이렇게 말했습니다.

"지금 내가 개미가 되어 동료 개미들에게 눈앞의 위기를 알려줄 수 있다면 얼마나 좋겠습니까?"

그러자 청년이 "그건 그렇지요" 하고 수긍했습니다. 그때 선교사는 다시 이렇게 말했습니다.

"우리에겐 개미가 될 방법이 없지만 하나님이 전능하시다면 인간이 되시지 못할 이유가 없지 않을까요? 그것이 바로 예수의 성육신 사건입니다."

그래서 요한복음 1장 14절은 이렇게 말씀합니다.

말씀이 육신이 되어 우리 가운데 거하시매 우리가 그의 영광을 보니 아버지의 독생자의 영광이요 은혜와 진리가 충만하더라 … 본래 하나님을 본 사람이 없으되 아버지 품 속에 있는 독생하신 하나님이 나타내셨느니라 요 1:14,18

진리의 말씀이신 하나님이 인간의 육신을 입은 모습으로 이 땅에 오셔서 하나님 아버지의 영광을 나타내셨습니다. 하나님의 아들이신 예수님이 처녀의 몸을 빌려서까지 이 땅에 오실 필요가 있었을까요? 그것은 그분의 사명 때문이었습니다. 그 사명은 인류를 죄에서 구원하시는 일이었습니다.

구약 시대에도 인간이 하나님께 바치는 속죄 제물은 흠과 티가 없는 거룩한 것이어야 했습니다. 인류의 완벽한 용서와 구원을 위한 최후의 속죄 제물이 되기 위해 이 땅에 오시는 예수님에게는 인류 죄성의 DNA가 영향을 미치지 않을 특별한 출생이 필요했습니다. 그것이 바로 예수님의 동정녀 탄생의 의미입니다. 우리와 같은 인간의 몸을 입고 오셨지만, 처녀 마리아에게 성령으로 잉태되시어 우리의 죄를 대신 짊어지는 십자가의 거룩한 제물이 되고자 하신 것입니다.

본래 하나님의 아들이신 예수님이 사람의 아들이 되어 이 땅에 오셨습니다. 그렇게 오심으로 인간의 눈으로는 볼 수 없었던 하나님이 어떤 분이신지 우리에게 보여주셨습니다. 그리고 우리를 죄에서 구원하셨습니다. 이천 년 전 예수님이 이 땅에 오셨을 때, 구원자 하나님이 우리의 역사 가운데 오신 것입니다.

2. 하나님의 현존을 경험하게 하신 예수님

이 땅에 오신 예수님의 첫 번째 미션은 구원의 하나님을 계시하시는 것이었습니다. 그러나 중요한 미션이 한 가지 더 있습니다. 그것은 바로 하나님의 현존을 우리가 지금, 여기에서, 구체적으로 경험하게 하는 것입니다. 이것이 바로 '굿 뉴스', 복음의 실제적 특성이라고 할 수 있습니다.

생각해보십시오! 예수라는 분이 본래 하나님이시며, 이천 년 전 이 땅에 구원자로 오셨다 해도, 그분을 지금 여기서 만날 수 없다면, 그 구원의 하나님을 지금 여기에서 경험할 수 없다면 하나님의 존재가 오늘을 사는 우리에게 무슨 의미가 있겠습니까?

그러나 그분의 이름은 '예수', 즉 우리의 구원자이실 뿐 아니라, '임마누엘'이십니다. 그분은 우리와 함께하는 하나님이십니다. 그래서 우리는 지금 여기에서 하나님이 우리와, 나와 함께하심을 구체적으로 경험할 수 있습니다.

마음 가운데 임하시는 하나님

우리는 어떻게 이런 하나님을 경험할 수 있을까요? 이성의 중요성을 누구보다 잘 알았던 천재 철학자요 수리 과학자였던 파스칼은 "하나님을 경험하기 위해서 필요한 것은 이성이 아니라 마음이다"라고 말했습니다. 그는 또 "예수 그리스도를 마음에 모시고 기도로 하나님께 나아가는 자들에게 주시는 최고의 행복이 하나님의 현존을 경험하는 것"이라고 말했습니다.

1654년 11월 23일 밤, 그는 한때 빠져 있던 사교계에 환멸을 느껴 환락을 버리고 기도에 열중하고 있었습니다. 그 밤에 그는 자신의 메마른 영혼에 은총의 단비가 내리는 것을 경험합니다. 밤 10시 30분부터 12시 30분경까지 이루어진 두 시간의 경험을 그는 그의 명저 《팡세》에서 이렇게 고백합니다.

철학자와 학자들의 신이 아니라,
'아브라함의 하나님, 이삭의 하나님, 야곱의 하나님.'
확신, 확신, 심정, 기쁨, 평화.
예수 그리스도의 하나님.
…
'의로우신 아버지, 세상은 당신을 알지 못하였어도
나는 당신을 알았나이다.'
기쁨, 기쁨, 기쁨, 기쁨의 눈물.
…
'영생은 곧 유일하신 참 하나님과
당신이 보내신 자 예수 그리스도를 아는 것이니이다.'
예수 그리스도,
예수 그리스도.

물론 그리스도인들이 하나님의 현존을 체험하는 방법은 매우 다양합니다. 파스칼처럼 한밤에 임하는 강렬한 불꽃처럼 하나님을 체험할 수도 있지만, 아침이슬처럼 조용하게 임하는 평화 가운데 체험할 수도 있습니다. 때로는 우리의 끈끈한 땀을 씻어주는 상쾌한 바람처럼, 때로는 목마른 자에게 부어지는 시원한 생수처럼, 때로는 내 마음 깊은 곳을 어루만지는 속삭임처럼 느낄 수도 있습니다. 때로는 눈물의 샘을 적셔주는 하얀 손수건 같은 것일 수도 있습니다. 때로는 실망과 낙심 속에 무너져 주저앉은 손을 살며시 잡아 일으키시는, 굳세지만 한없이 부드러운 손길일 수도 있습니다. 때로는 끝나지 않을 것 같은 절망의 밤에 드리워진 커튼을 젖히는 새벽 빛 같은 것일 수도 있습니다.

어떤 방법으로든, 예수님을 만난 그리스도인은 이후로 하나님의 현존을 체험하면서 평생을 살아가게 됩니다. 예수님이 그분을 따르기로 한 제자들에게 약속하신 말씀이 있습니다.

내가 세상 끝 날까지 너희와 항상 함께 있으리라 마 28:20

이런 하나님의 함께하심이 필요하지 않으십니까?

암과 투병하던 한 여인이 병실 창밖을 내다보니 병원 옆 학교에서 운동회가 벌어지고 있었습니다. 그래서 산보 삼아 학교 쪽으로 가 보니 장애인 학생들의 운동회였습니다. 몸을 잘 가누지 못하는 한 아이가 달리기 경주에 참여하고 있었는데, 트랙 밖에서 그 아이의 어머니가 같이 뛰면서 큰 소리로 아이를 응원하고 있었습니다. 마침내 다리를 절던 그 학생이 골인지점에 무사히 들어오자 등수와 상관없이 어머니는 아이를 부둥켜안고 축하해주었습니다. 몹시 감동적이었습니다.

병실로 돌아온 여인은 아들에게 편지를 썼습니다.

아들아, 오늘 나는 장애인 운동회에서 다리가 불편한 학생 곁에서 엄마가 함께 뛰며 응원하는 모습을 보았단다. 그리고 그것이 바로 나 자신의 모습이라고 생각했단다. 내가 병원에 장기간 입원해서 너를 잘 돌볼 수는 없지만 언제나 너의 곁에서 마음으로 기도하며 너와 함께 뛰고 있단다. 얼마 안 있으면 나는 이 세상을 떠날지도 모른단다. 그러나 그때에도 이 어미가 네 곁에서 여전히 너와 함께 뛰고 있다는 사실을 기억해줬으면 좋겠구나. 그리고 무엇보다 하나님이 네 곁에 계실 줄을 믿기에 너 또한 너의 구원자요 주인이신 그 하나님을 신뢰하고, 그분과 함께 인생의 경주를 완주하길 응원한다.

아들아, 사랑한다.

임마누엘의 하나님께 오늘도 너를 부탁한다.

이런 하나님, 이런 예수님이 필요하지 않으십니까? 임마누엘의 하나님, 그분을 경험하며 살고 싶지 않으십니까? 오늘 우리가 예수님을 초청하면 그분은 기꺼이 우리 곁에 오셔서 임마누엘의 하나님이 되어 평생을 함께해주실 것입니다. 그 하나님을 만나고 경험하는 놀라운 일이 있기를 바랍니다.

06

큰 빛이 비추도다

이사야서 9장 1,2절

—

전에 고통 받던 자들에게는 흑암이 없으리로다 옛적에는 여호와께서 스불론 땅과 납달리 땅이 멸시를 당하게 하셨더니 후에는 해변 길과 요단 저쪽 이방의 갈릴리를 영화롭게 하셨느니라 흑암에 행하던 백성이 큰 빛을 보고 사망의 그늘진 땅에 거주 하던 자에게 빛이 비치도다

빛을 담은 화가, 렘브란트

르네상스 시대의 작품들은 이성적 질서와 조화에 근거한 아름다움을 표현하고자 했음을 알 수 있습니다. 그러나 르네상스 이후에 도래한 바로크 시대는 이성의 한계를 극복하고 다시 감성을 통해 인간의 내면으로 천착하는 변화를 보이고 있습니다. 이 시대의 미술적 특성은 빛과 어둠의 명암적 대조에 근거한 빛의 조명입니다.

당시의 대표적인 기독교 화가가 바로 렘브란트입니다. 흔히 미술 비평가들은 그를 가리켜 '빛의 화가', '빛의 마술사'라고 부릅니다. 그러나 더 정확하게 말하면 렘브란트의 미술은 그가 삶의 어둠 속에서 추구해온 한줄기 빛의 탐구라고 할 수 있습니다.

세 자녀의 연이은 죽음과 사랑하는 아내 사스키아의 죽음, 그리고 성공하는 듯 보였던 활동 초기를 지나자 곧이어 찾아온 대중의 외면, 그로 인한 가난과 좌절이 그를 심연으로 끌어당겼습니다. 그때 그림과 성경은 그의 마지막 위로였습니다.

사실 렘브란트 그림의 첫인상은 그의 그림 전반의 배경이 되는 깊은 어둠입니다. 예를 들어 그가 그린 〈목동들의 경배〉를 보십시오. 칠흑의 어둠이 그 그림을 지배하고 있습니다. 그런데 자세히 보면 한 목동이 들고 있는 등에서 한줄기 빛이 나와 아기 예수와 그 부모의 얼굴을 비추고 있음을 발견할 수 있습니다.

그 유명한 〈탕자의 귀향〉도 마찬가지입니다. 돌아온 탕자를 무표정하게 바라보는 어둠속의 사람들 사이에서 작가는 돌아온 탕자의 등을 토닥이는 아버지의 두 손에 빛을 집중시키고 있습니다.

스위스의 신학자 발터 니그(Walter Nigg) 교수는 우리가 렘브란트의 그림을 단순히 '명암법의 대조'라는 기교로만 관찰하는 것은 피상적인 감상 태도라고 말합니다. 그는 렘브란트의 작품 대부분에서 만나게 되는 빛, 캄캄한 어둠 속에서 다가오는 빛의 본질은 바로 성경이 증거하는 '빛으로 오신 그리스도'라고 말합니다.

빛으로 임하신 예수 그리스도

이사야는 바로 그 빛, 인류가 한 번도 경험해보지 못한 위대한 빛이 비추고 있다고 증거합니다.

1. 어두운 땅을 비추는 빛

전에 고통 받던 자들에게는 흑암이 없으리로다 옛적에는 여호와께서 스불론 땅과 납달리 땅이 멸시를 당하게 하셨더니 후에는 해변 길과 요단 저쪽 이방의 갈릴리를 영화롭게 하셨느니라 사 9:1

이 말씀에서 대조적인 두 단어는 '전에'와 '후에'라는 말입니다. 이사야는 '전에' 고통 받던 땅이 '후에' 메시아의 오심으로 새로운 빛을 보게 될 것을 약속합니다. 여기 나오는 스불론과 납달리 땅은 주로 북 갈릴리 지역을 뜻합니다.

과거 앗수르가 약속의 땅을 침범할 때 이 지역은 언제나 그들의 수탈과 억압으로 고통 받았습니다. 그런데 이사야가 이 지역에 새로운 시대가 열린다고 예언합니다. 실제로 이 말씀은 메시아 되신 예수께서 이천 년 전 이 땅에 오셔서 바로 갈릴리 북부를 사역의 중심지로 삼으심으로써 그대로 성취되었습니다.

> 나사렛을 떠나 스불론과 납달리 지경 해변에 있는 가버나움에 가서 사시니 이는 선지자 이사야를 통하여 하신 말씀을 이루려 하심이라 일렀으되 마 4:13,14

복음서는 또한 이곳을 예수님의 본 동네(His own city), 곧 본거지가 된 동네라고 기록합니다(마 9:1). 오늘날 이 지역을 방문해보면 동네 입구에 'Town of Jesus'(예수의 마을)라는 간판이 붙어 있는 것을 볼 수 있습니다. 그분은 이 어두운 땅을 복음 전파의 중심지로 삼으셨습니다. 어두운 만큼 다른 어떤 곳보다 복음의 빛이 필요한 땅이었기 때문입니다.

선교학자들은 지구촌에서 북위 10-40도 지역에 미전도 종족이 가장 많이 있다고 말합니다. 그런데 이 지역에서 복음화가 가장 활발하게 이루어진 나라가 바로 대한민국입니다. 하지만 130년 전의 상황은 지금과 정반대였습니다.

1885년 4월 5일, 한줌의 그리스도인도, 제도권 교회(아직 자립하지 못한 소래교회가 유일한 교회였습니다)도 없던 땅에 아펜젤러와 언더우드 선교사가 도착했습니다. 당시 언더우드 선교사가 이런 기도를 드렸던 것으로 전해집니다.

주님, 지금은 아무것도 보이지 않습니다.

주님, 메마르고 가난한 땅,

나무 한 그루 시원하게 자라 오르지 못하는 이 땅 …

보이는 것은 고집스럽게 얼룩진 어둠뿐입니다. …

지금은 예배드릴 예배당도 없고 학교도 없고

그저 경계와 의심과 멸시와 천대함이 가득한 곳이지만,

이곳이 머지않아 은총의 땅이 되리라는 것을 믿습니다.

이 기도문이 그 진위 여부를 떠나, 당시의 정황을 잘 대변해주고 있다는 데는 아무도 이의가 없을 것입니다.

1세기에 예수님은 어둠과 가난, 미신, 비천함으로 가득했던 곳, 인간성이 억압되던 땅, 팔레스타인의 갈릴리를 사역의 중심지로 선택하셨습니다. 그리고 그분은 동일하게 130년 전, 아시아의 가장 가난한 땅, 일본과 중국과 러시아 등의 강대국에게 짓밟히고 있던 조선을 21세기의 복음화 사명을 감당하는 아시아의 중심지로 삼으셨습니다. 그리고 이사야 선지자의 선언처럼 멸시 받던 땅이 영화로운 땅으로 변화되었습니다.

이제 우리는 마지막 선교의 주자로서 세계 복음화의 남은 사명을 감당해야 하는 책임을 진지하게 고민해야 합니다. 지금 이 땅에서 가장 어두운 곳이 어디일까요? 북한이 생각나지 않습니까? 아시아에서 복음이 가장 깊숙이 들어와 있는 나라가 복음과 가장 먼 땅인 북한, 조국의 그 절반을 복음화하기 위해 구체적인 전략을 모색해야 하지 않겠습니까? 어디에서부터 시작해야 할까요? 선교의 방법은 여러 가지가 있겠지만, 그 땅을 포기할 수 없다면 먼저 중보기도에서부터 시작해야 할 것입니다. 굶어가는 그 땅을 위해 식사 시간만이라도 기도하길 권면합니다. 어두운 이 땅에 빛이 비치게 할 책임이 우리에게 있습니다.

2. 어둠의 백성을 비추는 빛

흑암에 행하던 백성이 큰 빛을 보고 사망의 그늘진 땅에 거주하던 자에게 빛이 비치도다 사 9:2

이사야 선지자는 메시아가 오심으로 어둠의 땅에 큰 빛이 비치게 되었다고 증거합니다. 그러나 거기에 머물지 않습니다. 어둠의 땅뿐 아니라 어둠의 백성에게도 빛이 비친다고 말합니다. 이 약속의 실현을 마태복음 4장에서 다시 확인할 수 있습니다.

스불론 땅과 납달리 땅과 요단 강 저편 해변 길과 이방의 갈릴리여 흑암에 앉은 백성이 큰 빛을 보았고 사망의 땅과 그늘에 앉은 자들에게 빛이 비치었도다 하였느니라 마 4:15,16

우리의 메시아 예수께서도 친히 요한복음 8장 12절에서 이렇게 선언하셨습니다.

예수께서 또 말씀하여 이르시되 나는 세상의 빛이니 나를 따르는 자
는 어둠에 다니지 아니하고 생명의 빛을 얻으리라 마 8:12

아직 어둠이 남아 있는 땅

이렇게 큰 빛이 되신 메시아 예수께서 이 땅에 오신 지 벌써 이천
년이 지났건만 왜 세상에는 아직도 어둠이 존재하고 사람들은 그 어
둠에 잡혀 있는 것일까요? 저는 두 가지 이유가 있다고 생각합니다.

1. 부끄러운 침묵에 잠겨 있는 우리

우리가 세상을 향해 복음이신 예수님을 제대로 증거하지 못하고
있기 때문입니다.

누구든지 주의 이름을 부르는 자는 구원을 받으리라 그런즉 그들이
믿지 아니하는 이를 어찌 부르리요 듣지도 못한 이를 어찌 믿으리요
전파하는 자가 없이 어찌 들으리요 롬 10:13,14

우리는 이런 전도를 '선포 전도'(proclamation evangelism)라고
말합니다. 바울은 복음 전하는 것을 결코 부끄럽게 생각하지 않았
습니다. 그런데 오늘날 너무나 많은 그리스도인이 복음을 말하는
것을 부끄럽게 생각합니다. 우리 시대의 존경받는 신학자 존 스토
트는 이런 그리스도인의 침묵을 '부끄러운 침묵'(guilty silence)이라
고 불렀습니다. 다시 바울의 고백을 읽어보겠습니다.

내가 복음을 부끄러워하지 아니하노니 이 복음은 모든 믿는 자에게 구원을 주시는 하나님의 능력이 됨이라 롬 1:16

2. 부끄러운 어둠에 잠겨 있는 우리

아직 세상이 어둠에 사로잡혀 있는 또 다른 이유는 그리스도인의 존재가 복음이 되지 못한 까닭이라고 생각합니다. 우리의 존재가 빛이라면 우리를 통해 그 빛이 드러나야 하지 않을까요? 우리는 이런 전도를 '존재 전도'(presence evangelism)라고 부릅니다.

주님이 주신 산상수훈의 말씀을 다시 상기해보십시오.

너희는 세상의 빛이라 산 위에 있는 동네가 숨겨지지 못할 것이요 사람이 등불을 켜서 말 아래에 두지 아니하고 등경 위에 두나니 이러므로 집 안 모든 사람에게 비치느니라 이같이 너희 빛이 사람 앞에 비치게 하여 그들로 너희 착한 행실을 보고 하늘에 계신 너희 아버지께 영광을 돌리게 하라 마 5:14-16

우리의 존재와 삶, 행동으로 복음의 빛을 드러낼 책임이 우리에게 있습니다. 물론 우리가 그리스도인이 되었다고 해서 한순간에 성숙에 도달하는 것은 아닙니다. 그래도 최소한 복음의 빛을 드러내는 일에 장애가 되어서는 안 될 것입니다.

그런 의미에서 33년의 짧은 생을 살다간 바보 의사 안수현의 존재는 우리에게 귀감이요 도전이 아닐 수 없습니다. 《그 청년 바보 의사》의 후속편으로 출간된 《그 청년 바보 의사, 그가 사랑한 것들》에서 엮은이가 증언한 그의 삶은 존재 전도가 무엇인지를 우리에게 잘 보여줍니다.

안수현 형제는 신실한 그리스도인이었고, 환자들에게는 친절한 의사였습니다. 2000년 의약분업 사태로 전국의 의사들이 파업을 했을 때 레지던트였던 그는 병원에 홀로 남아 환자들을 돌봤습니다. 다른 뜻이 있어서가 아니라 그저 환자들을 두고 병원을 떠날 수 없어서였습니다. 며칠 밤을 새우고 하루 한 끼 먹을 시간도 없이 격무에 시달렸지만 자신의 소명, 코람데오를 따라 병원을 지켰습니다.

돌보던 환자들의 병실을 밤마다 몰래 찾아가 조용히 낫기를 기도해주던 그였습니다. 환자가 돌아가시면 장례식장에 찾아가 유족을 위로하던 참 이상한 의사였지요.

그는 선물을 주는 의사였습니다. 암 투병을 하는 환자에게는 찬송가 테이프를, 환자를 돌보는 가족에게는 책을 선물했습니다. 환자들만 아니라 병원에 근무하는 동료 의사, 간호사, 물리치료사, 방사선 기사, 환자들의 침대를 옮기는 분들, 구두 닦는 아저씨와 매점 아주머니에게까지 그 청년은 겸손하고 따뜻한 선물을 나누었습니다. 돈이 없는 조선족 할아버지의 검사비를 대납해주고, 백혈병이 걸린 소녀에게는 집까지 찾아가 생일을 축하해주었습니다. 하반신을 쓰지 못하는 청년을 자기 차에 태워 콘서트장까지 동행해주는 깜짝 선물을 하기도 했고, 집에만 누워 있는 어린 환자를 찾아가 책을 읽어주기도 했습니다. 군대에 가서도 그는 여전히 사람들을 돌봤습니다. … 그 청년은 어디서든지 외롭고 소외된 사람 옆에 말없이 서서 자기가 갖고 있는 것을 다 털어주던 바보 의사였습니다. … 어떤 분은 수현 형제를 추억하면서 잠깐 내 곁에 왔다간 예수님 같다고 했습니다. 수현 형제는 자신의 인간적인 부족함에도 불구하고 하나님을 사랑하고 또 이웃을 내 몸처럼 사랑하고자 분투했던 한 청년이었습니다.

이 책을 엮은이는 그가 살아 있을 때는 물론, 죽은 후에도 많은 사람을 주의 길로 인도할 수 있었다고 증언합니다. 그는 어느 아침 데살로니가전서 1장을 묵상한 후 이런 기록을 남겼습니다.

데살로니가 교인들은 이름뿐인 그리스도인이 아니었다. 그들은 말로만 복음을 떠드는 사람들이 아니었고 그들이 전하는 내용을 몸으로 살아냄으로 그들의 믿음이 진리임을 증언했다.

이것이 존재 전도입니다. 복음의 큰 빛을 만났기에, 그 빛이 내 안에 살고 있기에, 아직 내 안에 부족함이 있다 해도 그 빛을 드러내기 위해 작은 촛불을 켜서 어둠을 밝히던 사람. 그의 존재가 우리가 따라야 할 모습 아니겠습니까? 복음의 큰 빛이 이천 년 전 이 땅에 임했습니다. 우리는 그 빛을 만나 그 빛을 따르는 그리스도인이 되었습니다. 그렇다면 이제 우리도 작은 촛불을 켜야 하지 않을까요?

놀라운 아기

이사야서 9장 6,7절

—

이는 한 아기가 우리에게 났고 한 아들을 우리에게 주신 바 되었는데 그의 어깨에는 정사를 메었고 그의 이름은 기묘자라, 모사라, 전능하신 하나님이라, 영존하시는 아버지라, 평강의 왕이라 할 것임이라 그 정사와 평강의 더함이 무궁하며 또 다윗의 왕좌와 그의 나라에 군림하여 그 나라를 굳게 세우고 지금 이후로 영원히 정의와 공의로 그것을 보존하실 것이라 만군의 여호와의 열심이 이를 이루시리라

참 리더가 필요한 시대

한 사회학자는 커뮤니케이션의 발달로 인해 우리에게 '신화 부재의 시대'(mythless age)가 도래했다고 말합니다. 트위터와 페이스북 등의 소셜 네크워크(SNS)를 통한 정보가 난무하다 보니 알지 않아도 될 것까지 다 알아버리는 세상이 된 것입니다. 그 결과 우리 시대는 영웅과 성자를 잃어버렸습니다.

영웅이나 성자는 어느 정도 정보가 부족한 상황에서 생겨나기 마련인데, 오늘날에는 그것이 불가능합니다. 이런 현상은 인간을 더는 신격화할 수 없다는 면에서는 다행스런 결과이지만, 리더십을 과도하게 불신하는 역기능을 낳기도 했습니다.

최근 한림대학교에서 나온 〈신뢰와 시민사회〉라는 논문을 보면, 우리나라 시민들은 학계와 군대, 대법원, 의료, 금융, 종교기관에는 비교적 높은 수치의 신뢰를 보였지만, 정부부처와 관공서에는 50퍼센트 미만의 신뢰도를 보였고, 국회에는 가장 낮은 신뢰도를 보였습니다. 이 사실은 시사하는 바가 매우 높습니다. 국민 삶의 질을 결정하는 행정 서비스 기관과 국민에게 직접적인 영향력을 미치는 리더들을 전혀 신뢰하지 못하고 있음을 보여주기 때문입니다.

이사야 선지자 시대도 그랬습니다. 북 이스라엘과 남 유다의 갈등이 심화되었고, 남 유다는 북 이스라엘의 침략 위협에 시달렸습니다. 웃시야 왕의 죽음 이후, 아하스 왕이 북 이스라엘의 공격에 대비해 친 앗수르 정책을 펴자 유다 백성은 이를 불신했습니다. 오락가락하는 정책의 혼선으로 민생은 파탄에 빠졌습니다.

유다 백성은 믿을 만한 리더를 기다리면서 이사야 선지자의 예언에 귀를 기울였습니다. '과연 이 땅에 믿을 만한 지도자의 존재가 가능한가?' 하는 궁극적 질문을 던지고 있었던 것입니다.

이런 때에 이사야 선지자는 이미 7장 14절에서 약속한 말씀의 연장선상에서 메시아의 도래를 예언합니다. 물론 당시보다 먼 미래에나 오실 메시아가 그들에게 무슨 도움이 되었겠느냐고 질문할 수도 있습니다. 그래서 이 말씀은 우선적으로 아하스 왕 다음에 올, 비교적 현명한 통치자로 평가받는 히스기야 왕의 도래를 약속한 말씀으로 이해되기도 합니다.

학자들은 본문 6절의 "그의 어깨에는 정사를 메었고"라는 말씀이 이런 해석을 뒷받침한다고 주장하기도 합니다. 그러나 7절에 나오는 "그 정사와 평강의 더함이 무궁하며 … 지금 이후로 영원히 정의와 공의로 그것을 보존하실 것이라"라는 말씀으로 보아, 이 예언은 이스라엘의 통치를 넘어 온 세상을 다스릴 메시아를 가리킨다고 보는 것이 더 적합해 보입니다.

우리가 믿음으로 따를 분, 메시아

메시아, 그분은 어떤 분입니까? 그분은 우리가 믿고 따를 만한 분일까요? 성경에 그분에 대한 다섯 가지 증언이 기록되어 있습니다.

1. 기묘자이시다

이사야 선지자는 그분의 첫 별명을 '기묘자'(Wonderful)라고 말합니다. 사사기 13장 17절에 보면 삼손의 아버지 마노아 앞에 하나님의 천사가 나타나자 "당신의 이름이 무엇이니이까" 하고 묻습니다. 그때 이 특별한 천사의 대답을 들어보십시오.

여호와의 사자가 그에게 이르되 어찌하여 내 이름을 묻느냐 내 이름은 기묘자라 하니라 삿 13:18

천사의 모습으로 나타나신 하나님의 이름 중 하나가 '기묘자'였습니다. 그런데 이사야 선지자는 그 기묘하신 하나님이 아기의 모습으로 이 땅에 오신다고 말합니다. 생각해보십시오. 그분의 탄생은 얼마나 기묘하며, 그분의 가르침과 그분이 일으키신 기적은 얼마나 기묘하고 경이롭습니까. 그분의 탄생에서 죽음, 부활에 이르기까지 그분의 전 생애가 기묘함 자체입니다.

그분은 책을 한 권도 쓰지 않으셨지만, 세계의 도서관에는 그분에 대한 책들이 가득합니다. 그분은 한 줄의 시도 쓰신 일이 없지만, 세상은 그분에 대한 시로 가득합니다. 그분은 단 한 곡의 음악도 만드신 일이 없지만, 많은 음악가들은 앞을 다투어 그분에게 바치는 음악을 만듭니다. 그분은 단 한 장의 그림도 그리신 일이 없지만, 수많은 미술가들이 그분에 대한 작품을 만들어 헌정합니다. 그분은 단 한 곳의 예배당도 건축하신 일이 없지만, 전 세계에는 그분을 찬양하고 예배하는 교회가 가득합니다. 그분은 한 번도 나라를 다스리거나 신하를 두신 일이 없지만, 전 세계에는 그분을 왕으로 고백하고 따르는 백성으로 가득합니다. 참으로 기묘한 분, 놀라운 분 아닙니까?

2. 모사이시다

그분은 지혜로 가르치셨고, 기적을 행하심으로 사람들의 문제를 해결해주셨습니다. 마태복음 7장 28절에 보면 산상수훈으로 불리는 그분의 설교를 들은 이들이 그분의 가르침에 "놀라니"라고 기록되어 있습니다. 마가복음에도 이런 내용이 있습니다.

사람들이 심히 놀라 이르되 그가 모든 것을 잘하였도다 못 듣는 사람도 듣게 하고 말 못하는 사람도 말하게 한다 하니라 막 7:37

마태복음 9장 35절에 보면 그분은 천국 복음을 전파하실 뿐만 아니라, 모든 병과 모든 약한 것을 고쳐주시는 치유자이셨습니다. 또 다른 구절을 보십시오.

무리를 보시고 불쌍히 여기시니 이는 그들이 목자 없는 양과 같이 고생하며 기진함이라 마 9:36

그분은 진실로 약하고 힘들어하고 방황하는 자들의 친구요, 해결자요, 상담자이셨습니다. 사도 요한은 예수께서 그분을 대신해 다른 보혜사를 보내겠다고 약속하셨다고 했습니다(요 14:16).

보혜사라는 말의 원어는 '파라클레토스'(paracletos), 곧 '부르심을 받아 곁에 머물러주는 자'라는 뜻이며, 영어성경에는 '위로자'(comforter)로 되어 있습니다.

요한복음 14장의 약속을 보십시오.

> 그는 진리의 영이라 세상은 능히 그를 받지 못하나니 이는 그를 보지도 못하고 알지도 못함이라 그러나 너희는 그를 아나니 그는 너희와 함께 거하심이요 또 너희 속에 계시겠음이라 내가 너희를 고아와 같이 버려두지 아니하고 너희에게로 오리라 요 14:17,18

그분은 진실로 완벽한 우리의 상담자이자 모사이십니다. 그분은 인간의 몸으로 이 땅에 오셔서 인간의 치열한 삶을 직접 살아보셨기에 실제로 우리를 돕는 치유자가 되실 수 있었습니다. 그분 때문에 일어난 전 세계적인 상담 치유 운동은 그분이 행하신 일의 편린과 자취에 불과합니다.

3. 전능하신 하나님이시다

놀라운 지혜를 가졌을지라도 실제로 도울 힘이 없다면 그의 지혜는 무력한 도구에 불과할 것입니다. 반대로 굉장한 힘이 있지만 지혜가 없다면 그의 힘은 폭력이 되고 말 것입니다.

그런데 이 기묘하고 위대한 상담자의 정체, 아기의 정체를 이사야 선지자는 '전능하신 하나님'이라고 말합니다. 하늘을 가르고 장풍을 날리는 중국 무협지의 영웅들에게도 인간적인 한계가 존재합니다. 삼국지의 모사 제갈공명도 결국은 한계를 지닌 인간이었습니다. 그러나 아기로 오신 메시아는 전능자이십니다.

요한복음에 등장하는 일곱 기적은 모두 그분이 인간의 한계를 초월한 신성을 지니신 분임을 증거합니다. 물이 변하여 포도주가 되게 하신 그분은 질적 변화를 가능하게 하셨습니다. 멀리 떨어진 곳에서도 말씀 한마디로 왕의 신하의 아들을 고치신 그분은 공간과 거리를 초월하시는 분입니다.

38년이나 투병해오던 병자를 고치신 그분은 시간도 초월하시는 분입니다. 오병이어의 기적으로 굶주린 무리의 필요를 공급하신 그분은 어떤 양(量)의 문제도 해결하시는 분입니다. 파도를 다스리고, 죽은 나사로를 살리시며, "나는 부활이요 생명이니"(요 11:25)라고 선포하신 그분은 진실로 전능하신 하나님이십니다.

4. 영존하시는 아버지이시다

성경이 만일 메시아를 전능하신 하나님으로만 묘사했다면 우리는 그분에게 접근하기 어려워했을 것입니다. 그런데 이사야는 그분이 아버지로서 우리를 위해 존재하시는 분이라고 말합니다. 그분은 아기로 오셔서 인간의 성장 과정을 모두 거치셨기에 아기처럼 연약한 인생을 아버지의 마음으로 돌아보실 수 있습니다.

구약의 하나님은 주로 엄위하고 초월하신 모습으로 등장합니다. 그러나 구약이 어떤 약속으로 종결되고 있는지 기억하십니까?

그가(엘리야의 마음으로 오셔서 메시아의 길을 준비하실 분) 아버지의 마음을 자녀에게로 돌이키게 하고 자녀들의 마음을 그들의 아버지에게로 돌이키게 하리라 말 4:6

메시아로 이 땅에 오신 예수님은 우리에게 "하늘에 계신 우리 아버지여"(마 6:9)라고 기도하라고 가르치십니다. 그분은 또한 우리에게 "구하라 그리하면 너희에게 수실 것이요 찾으라 그리하면 찾아낼 것이요 문을 두드리라 그리하면 너희에게 열릴 것이니"(마 7:7)라고 권하시며 이렇게 언약하십니다.

너희가 악한 자라도 좋은 것으로 자식에게 줄 줄 알거든 하물며 하늘에 계신 너희 아버지께서 구하는 자에게 좋은 것으로 주시지 않겠느냐 마 7:11

바울 사도는 예수를 믿는 우리에게 일어난 가장 위대한 사건을 이렇게 증언합니다.

너희는 다시 무서워하는 종의 영을 받지 아니하고 양자의 영을 받았으므로 우리가 아빠 아버지라고 부르짖느니라 롬 8:15

언제 어디서나 우리가 "아버지" 하고 부르면 다가오셔서 우리를 안아주시고 돌보시는 그분, 그분은 영존하시는 아버지이십니다.

5. 평강의 왕이시다

그분이 진정한 평화를 잃어버린 이 땅에 오셨을 때 수많은 천군 천사는 어떻게 노래했습니까?

지극히 높은 곳에서는 하나님께 영광이요 땅에서는 하나님이 기뻐하신 사람들 중에 평화로다 눅 2:14

물론 이 궁극적인 평화의 약속은 그분이 이 땅에 다시 오시고 하나님의 나라를 완성하시는 때에 실현될 것입니다. 그러나 그분을 구주와 주님으로 영접하고 하나님의 기뻐하심을 입는 주의 백성이 되는 순간, 우리는 그분이 다스리시는 진정한 평화를 맛보게 됩니다. 그분이 약속하셨습니다.

평안을 너희에게 끼치노니 곧 나의 평안을 너희에게 주노라 내가 너희에게 주는 것은 세상이 주는 것과 같지 아니하니라 너희는 마음에 근심하지도 말고 두려워하지도 말라 요 14:27

그분은 제자들을 향해서도 이런 약속의 말씀을 주십니다.

이것을 너희에게 이르는 것은 너희로 내 안에서 평안을 누리게 하려 함이라 세상에서는 너희가 환난을 당하나 담대하라 내가 세상을 이기었노라 요 16:33

오래전 한 초등학교에서 평화를 주제로 한 사생대회가 열렸습니다. 마지막 최우수상 후보작으로 두 작품이 남았습니다. 한 작품은 한없이 아름답고 평화로운 호수의 전경을 놀랍도록 고요하고 청정한 터치로 그려낸 수작이었습니다. 또 다른 작품은 폭풍우가 몰아치는 벼랑에 아슬아슬하게 걸쳐진 둥지 안에 있는 어미 새의 품 안에 새근새근 잠들어 있는 아기 새의 평화로운 모습을 그린 것이었습니다. 그날의 최우수상에는 후자가 당선되었다고 합니다.

우리의 평화는 위태로운 테러 상황에 부단하게 위협당하고 있습니다. 이제는 평화를 보장할 수 있는 나라도, 도시도 찾아보기 어렵습니다. 평화를 약속할 수 있는 여행이나 그런 평화를 보장해줄 만한 보험도, 의약품도 없습니다.

그런데 아기로 태어나자마자 헤롯의 칼날을 피해 애굽으로 피난하시던 하늘의 왕자가 평화를 약속하십니다.

너희에게 평강이 있을지어다 눅 24:36

갈릴리의 풍랑을 꾸짖어 잠잠케 하시던 분이 말씀하십니다.

안심하라 내니 두려워하지 말라 막 6:50

그분의 이름은 기묘자, 모사, 전능하신 하나님, 영존하시는 아버지, 평강의 왕이십니다. 그분이 우리에게 오셨습니다.

위대한 탄생

이사야서 11장 1-10절

—

이새의 줄기에서 한 싹이 나며 그 뿌리에서 한 가지가 나서 결실할 것이요 그의 위에 여호와의 영 곧 지혜와 총명의 영이요 모략과 재능의 영이요 지식과 여호와를 경외하는 영이 강림하시리니 그가 여호와를 경외함으로 즐거움을 삼을 것이며 그의 눈에 보이는 대로 심판하지 아니하며 그의 귀에 들리는 대로 판단하지 아니하며 공의로 가난한 자를 심판하며 정직으로 세상의 겸손한 자를 판단할 것이며 그의 입의 막대기로 세상을 치며 그의 입술의 기운으로 악인을 죽일 것이며 공의로 그의 허리띠를 삼으며 성실로 그의 몸의 띠를 삼으리라 그때에 이리가 어린 양과 함께 살며 표범이 어린 염소와 함께 누우며 송아지와 어린 사자와 살진 짐승이 함께 있어 어린아이에게 끌리며 암소와 곰이 함께 먹으며 그것들의 새끼가 함께 엎드리며 사자가 소처럼 풀을 먹을 것이며 젖 먹는 아이가 독사의 구멍에서 장난하며 젖 뗀 어린아이가 독사의 굴에 손을 넣을 것이라 내 거룩한 산 모든 곳에서 해 됨도 없고 상함도 없을 것이니 이는 물이 바다를 덮음같이 여호와를 아는 지식이 세상에 충만할 것임이니라 그날에 이새의 뿌리에서 한 싹이 나서 만민의 기치로 설 것이요 열방이 그에게로 돌아오리니 그가 거한 곳이 영화로우리라

이사야가 선포하는 예수의 나심

과거 가난했던 시절, 우리에게는 크리스마스의 낭만과 추억이 있었습니다. 그 시절 우리는 사람들이 크리스마스의 참 의미도 모른채 축제 분위기만 즐기는 것이 안타까워 크리스마스가 'Christ-mas'가 아닌 미지의 상징으로서의 'X-mas'가 되는 것을 걱정했습니다. 그런데 지금은 그런 걱정까지 할 필요마저 없는 지경이 되었습니다.

참된 크리스마스 축제가 회복되려면 우리는 무엇보다 아기 예수 탄생의 의미를 물어야 합니다. 우리는 예수님이 탄생하시기 700여 년 전, 이사야 선지자의 증언으로 돌아가 그 대답을 찾고자 합니다.

1. 예언의 성취로 오신 예수님

이사야는 이새의 가문에서 메시아가 태어날 것을 예언합니다.

그날에 이새의 뿌리에서 한 싹이 나서 만민의 기치로 설 것이요 열방이 그에게로 돌아오리니 그가 거한 곳이 영화로우리라 사 11:10

《메시지》 성경에는 이 말씀이 이렇게 번역되어 있습니다.

그날이 오면 이새의 뿌리가 높이 세워져, 만백성을 집결시키는 깃발로 설 것이다.

도대체 이새가 누구입니까? 바로 다윗 왕의 아버지입니다. 베들레헴의 평범한 농부였던 이새의 가문에서 난 새로운 싹이 만백성을 구원할 메시아가 되신다는 예언입니다. 그로부터 수백 년 후 이 땅에 오신 예수 그리스도의 아버지 요셉도 이새와 마찬가지로 평범한 촌부에 불과했습니다. 평범한 이새를 사용하셔서 비범한 다윗 왕이 오게 하신 하나님이, 역시 평범한 요셉을 통해 비범한 메시아가 오게 하실 것입니다. 이것은 메시아가 이 땅에 오시기 730년 전의 예언입니다. 그리고 그 예언은 문자 그대로 성취되었습니다.

마태복음 1장에 나오는 메시아의 족보는 이렇게 시작합니다.

아브라함과 다윗의 자손 예수 그리스도의 계보라 마 1:1

그리고 마태복음 1장은 요셉과 정혼한 마리아가 한 생명을 잉태했으며, 그 아이가 백성을 구하리라 선언하면서 이런 말씀으로 마침표를 찍습니다.

이 모든 일이 된 것은 주께서 선지자로 하신 말씀을 이루려 하심이니 마 1:22

여기서 말하는 선지자가 누구입니까? 이사야입니다. 참으로 놀라운 예언의 성취입니다. 참으로 위대한 탄생입니다. 인류 역사를 통틀어 한 인물의 탄생을 700여 년 전에, 가문의 이름까지 열거하며 예언된 사례가 또 있을까요?

이 위대한 예언의 주인이신 하나님은 이사야와 동시대를 살았던 또 한 명의 선지자 미가를 통해 그분의 탄생 장소까지 예언하게 하셨습니다.

베들레헴 에브라다야 너는 유다 족속 중에 작을지라도 이스라엘을 다스릴 자가 네게서 내게로 나올 것이라 그의 근본은 상고에, 영원에 있느니라 미 5:2

메시아는 어느 날 우연히 탄생한 분이 아니요, 역사의 처음, 아니 영원부터 계시던 분입니다. 그분이 고난의 땅, 가난한 목동들의 도시 베들레헴에서 탄생한다고 성경에 예언되었습니다.

2. 여호와의 영에 의해 오신 예수님

메시아에게 임하시는 성령이 일곱 가지(여호와, 지혜, 총명, 모략, 재능, 지식, 여호와를 경외하는 영)로 묘사됩니다. 이것은 예수님이 완전한 성령의 사역으로 이 땅에 오신 것을 시사합니다(사 11:2 참조). 하나님의 천사가 동정녀 마리아에게 메시아의 잉태를 예고했던 것을 보십시오.

천사가 대답하여 이르되 성령이 네게 임하시고 지극히 높으신 이의 능력이 너를 덮으시리니 이러므로 나실 바 거룩한 이는 하나님의 아들이라 일컬어지리라 눅 1:35

이처럼 메시아의 잉태와 출생은 전적으로 성령에 의한 것입니다. 그 예수님은 30년의 사적인 생애를 마감하시고 공생애를 시작하시며 요단강에서 요한에게 침례(세례)를 받으셨습니다.

예수께서 침례(세례)를 받으시고 곧 물에서 올라오실새 하늘이 열리고 하나님의 성령이 비둘기같이 내려 자기 위에 임하심을 보시더니
마 3:16

그리스도의 공생애는 그렇게 성령의 임하심으로 시작되었습니다. 그분의 전 생애를 통해 드러나는 모든 위대한 사역의 원인을 증거하는 말씀이 있습니다.

하나님이 나사렛 예수에게 성령과 능력을 기름 붓듯 하셨으매 그가 두루 다니시며 선한 일을 행하시고 마귀에게 눌린 모든 사람을 고치셨으니 이는 하나님이 함께하셨음이라 행 10:38

그분 삶의 모든 능력은 성령으로 말미암은 것이었습니다. 그리스도의 생애에서 가장 극적인 순간인 십자가 사건을 성경은 "하물며 영원하신 성령으로 말미암아 흠 없는 자기를 하나님께 드린 그리스도"(히 9:14)라고 증거하고 있습니다.

이제 그분이 지상에서의 생애를 완성하는 부활과 승천에 대해 증언하시는 바를 보십시오.

그(성령)의 능력이 그리스도 안에서 역사하사 죽은 자들 가운데서 다시 살리시고 하늘에서 자기의 오른편에 앉히사 엡 1:20

그리스도의 전 생애는 우리처럼 단순히 육신을 의존한 삶이 아니었습니다. 예수님처럼 태어나 한 세상을 살다가 생을 마감한 사람이 또 있을까요? 이 유일무이하고 독특한 삶, 그것은 모두 여호와의 영에 의한 탄생에서 비롯되었습니다.

3. 공의와 평화를 실현하기 위해 오신 예수님

메시아가 오셔서 실현할 그분의 나라는 어떤 나라일까요? 인류는 지금까지 진정한 이상향의 세상을 꿈꾸어 왔습니다. 그런 이상향을 '유토피아'라고 합니다. 그러나 이 단어가 암시하는 것처럼, 인류가 경험해온 역사 속에는 그런 이상향이 존재하지 않았습니다. '유토피아'(utopia)는 본래 희랍어 u(no)와 topos(place)의 합성어로, '그런 곳은 없다'라는 말에서 유래한 단어입니다.

그런데 성경은 그런 이상향, 곧 메시아가 통치하시는 하나님의 나라가 실제로 이 땅에 실현된다고 약속합니다. 성경에서 하나님 나라의 두 가지 본질적 요소는 언제나 공의와 평화입니다. 이사야 선지자는 메시아의 통치가 가져올 그 나라의 두 가지 특성, 즉 의와 평화의 세상을 증언합니다. 이사야서 11장 3-5절의 핵심 단어가 '의'라면, 6-9절이 묘사하는 핵심 단어는 바로 '평화'입니다.

선지자는 먼저 '의'를 강조하고, 그다음에 '평화'를 강조합니다.

왜 그럴까요? 공의의 실현 없이는 참된 평화가 존재할 수 없기 때문입니다. 평화를 깨트리는 근본 원인은 예외 없이 인간의 죄입니다. 우리의 죄가 하나님 앞에서 용서받을 때에야 우리는 비로소 하나님과 평화하고 이웃과도 평화할 수 있습니다.

선지자가 증언하는 공의로우신 메시아의 모습을 보십시오.

> 공의로 그의 허리띠를 삼으며 성실로 그의 몸의 띠를 삼으리라
> 사 11:5

이 공의로운 메시아에 의해 불의한 세상이 심판을 받은 후 이루어질 진정한 유토피아, 궁극적인 하나님나라의 모습을 우리는 6-9절에서 볼 수 있습니다.

> 그때에 이리가 어린 양과 함께 살며 표범이 어린 염소와 함께 누우며 송아지와 어린 사자와 살진 짐승이 함께 있어 어린아이에게 끌리며 … 내 거룩한 산 모든 곳에서 해 됨도 없고 상함도 없을 것이니 이는 물이 바다를 덮음같이 여호와를 아는 지식이 세상에 충만할 것임이니라 사 11:6,9

이스라엘 백성은 이런 세상을 '샬롬 세상'이라고 부릅니다. 그리고 어느 날 우리에게 그런 세상을 가져다줄 메시아를 기다리며, 지금도 만날 때마다 서로 "샬롬!"이라고 인사합니다.

이런 '샬롬'과 가장 비슷한 인사를 주고받는 민족이 바로 한민족입니다. 우리는 만날 때마다 "안녕(혹은 평안)하십니까?" 하고 인사합니다. 평화롭지 못한 역사를 살아온 한 많은 민족의 갈망이 담긴 인사입니다.

그런데 어느 정도 잘 사는 민족이 되었음에도 왜 아직 참된 평안을 누리지 못하는 걸까요? 잘 사는 일에만 관심이 있을 뿐 바르게 사는 일에 관심이 없었고, 우리를 안녕하지 못하게 한 우리의 죄나 잘못을 돌이키는 일에는 큰 관심이 없었기 때문입니다. 우리가 잘 사는 것 못지않게 바르게 사는 것까지 추구하지 못한 것, 그것은 이 민족의 역사적 숙제입니다. 성경적으로 표현하면, 우리는 피상적 평화에는 관심이 있었지만 하나님의 공의에는 관심이 없었습니다.

이천 년 전 메시아이신 예수님이 이 땅에 오신 이유는 우리로 의로운 백성이 되고, 그 결과 진정한 평화의 백성이 되게 하시기 위함입니다. 의의 나라, 평화의 나라를 우리에게 선물로 주시기 위함입니다.

그분의 탄생이 위대한 축제인 이유는 그분의 오심이 이 땅에 그 공의와 평화를 실현하기 위한 일이었기 때문입니다.

예수님의 나심이 가진 의미를 알기 원한다면, 그로 인한 기쁨을 누리기 원한다면, 우리 민족이 진실로 의로우신 하나님 앞에 나아와 죄에서 돌이켜 구세주이신 예수님을 우리 인생의 주인으로 영접하도록 기도해야 합니다. 그때 비로소 우리는 이 땅에 공의와 평화가 넘치는 하나님의 나라가 임함을 보게 될 것입니다. 그러므로 우리가 기원해야 할 것은 바로 "나라가 임하시오며"(마 6:10)입니다.

YESTERDAY'S PROPHECY

구원의
소망이 되시다

PART 3

인생의 우물에서 드리는 감사

이사야서 12장 1-6절
—

그날에 네가 말하기를 여호와여 주께서 전에는 내게 노하셨사오나 이제는 주의 진노가 돌아섰고 또 주께서 나를 안위하시오니 내가 주께 감사하겠나이다 할 것이니라 보라 하나님은 나의 구원이시라 내가 신뢰하고 두려움이 없으리니 주 여호와는 나의 힘이시며 나의 노래시며 나의 구원이심이라 그러므로 너희가 기쁨으로 구원의 우물들에서 물을 길으리로다 그날에 너희가 또 말하기를 여호와께 감사하라 그의 이름을 부르며 그의 행하심을 만국 중에 선포하며 그의 이름이 높다 하라 여호와를 찬송할 것은 극히 아름다운 일을 하셨음이니 이를 온 땅에 알게 할지어다 시온의 주민아 소리 높여 부르라 이스라엘의 거룩하신 이가 너희 중에서 크심이니라 할 것이니라

오아시스를 품은 사막

인생은 사막을 걷는 것과 같습니다. 보이지 않는 길, 그마저도 모래바람으로 수시로 바뀌는 길, 언제 닥칠지 알 수 없는 모래 폭풍, 극심한 더위와 추위, 모래 언덕에 가려 앞을 알 수 없는 미래, 신기루의 유혹, 그리고 목마름의 고통···. 이런 것들이 우리 인생에서 불쑥 나타났다 사라집니다.

그래도 사막을 떠나지 않고 사는 사람들이 있습니다. 사막 여행을 즐기고 도전하는 사람들도 있습니다. 사막은 샘을 품고 있기 때문입니다. 산이나 강, 바다에는 오아시스가 없습니다. 오아시스는 사막에만 있습니다. 이는 《어린 왕자》의 작가 생텍쥐페리가 우리에게 가르쳐준 교훈이기도 합니다.

"사막이 아름다운 건 어딘가 우물이 숨어 있기 때문이야."

인생이라는 사막에서 우리가 경험하는 최대의 경이는 구원의 우물에서 목마름을 해갈하고 쉬어가는 것입니다. 사막의 우물은 성경이 약속하는 구원의 은혜를 상징합니다. 그것은 예수님을 만나고 그분을 믿음으로 경험하는 최고의 은혜입니다. 이사야는 구원의 우물에서 기쁨으로 물을 길으며 감사의 노래를 부르겠다고 말합니다.

구원의 은혜가 없는 사막은 절망 그 자체입니다. 주님은 "수고하고 무거운 짐 진 자들아 다 내게로 오라"(마 11:28)라고 우리를 안식의 오아시스로 초대하십니다. "누구든지 목마르거든 내게로 와서 마시라"(요 7:37)라고 구원의 우물가로 초대하십니다.

구원의 은혜를 선포하는 이사야

이사야는 그 구원의 은혜의 본질에 대해 말합니다. 그가 말하는 은혜의 본질은 무엇일까요?

1. 진노 대신 위로를 주신다

그날에 네가 말하기를 여호와여 주께서 전에는 내게 노하셨사오나 이제는 주의 진노가 돌아섰고 또 주께서 나를 안위하시오니 내가 주께 감사하겠나이다 할 것이니라 사 12:1

이 구절은 이스라엘을 침략했던 앗수르가 갑자기 퇴각하고 하나님의 구원이 임한 상황을 회상하는 것으로 보입니다. 그러나 궁극적으로는 주의 백성이 하나님 앞에 범죄하고 하나님의 진노를 촉발했음에도 오히려 그들을 용서하시고 위로해주시는 주의 구원을 감사하는 노래라고 할 수 있습니다.

이스라엘은 과거 홍해에서도 이런 구원의 노래, 감사의 노래를 부른 적이 있습니다. 이런 노래는 우리가 새로운 출애굽을 경험할 때마다 우리 입으로 올려드려야 할 고백의 노래이기도 합니다.

그렇다면 새로운 언약의 시대를 살아가는 주의 백성이 하는 고백을 들어봅시다.

전에는 우리도 다 그 가운데서 우리 육체의 욕심을 따라 지내며 육체

와 마음의 원하는 것을 하여 다른 이들과 같이 본질상 진노의 자녀이
었더니 긍휼이 풍성하신 하나님이 우리를 사랑하신 그 큰 사랑을 인
하여 허물로 죽은 우리를 그리스도와 함께 살리셨고 (너희는 은혜로
구원을 받은 것이라) 엡 2:3-5

바울은 우리가 경험한 구원의 본질을 어떻게 표현하고 있습니까?
그는 본질상 진노의 자녀인 우리가 오히려 하나님의 긍휼을 경험하
는 자가 되었다고 말합니다.
이사야 선지자는 이와 동일한 경험을 술회합니다.

발바닥에서 머리까지 성한 곳이 없이 상한 것과 터진 것과 새로 맞은
흔적뿐이거늘 그것을 짜며 싸매며 기름으로 부드럽게 함을 받지 못
하였도다 사 1:6

호세아의 고백을 들어보십시오.

오라 우리가 여호와께로 돌아가자 여호와께서 우리를 찢으셨으나
도로 낫게 하실 것이요 우리를 치셨으나 싸매어 주실 것임이라
호 6:1

부모는 자식들을 교훈하고자 채찍질하지만 징계 후에는 더 큰
사랑으로 그들을 위로합니다. 그것이 바로 하나님이 우리에게 주시

는 구원의 체험입니다. 채찍보다 더 큰 위로로 다가오신 그 은혜에 우리는 이제 감사의 노래로 화답해야 합니다.

2. 두려움 대신 신뢰로 살게 하신다

우리에게 임하신 구원의 은혜에 대한 선지자의 또 다른 표현은, 이제 두려움 대신 신뢰로 살게 되었다는 것입니다.

> 보라 하나님은 나의 구원이시라 내가 신뢰하고 두려움이 없으리니 주 여호와는 나의 힘이시며 나의 노래시며 나의 구원이심이라
> 사 12:2

이스라엘이 이와 동일한 고백의 노래를 드린 때가 있었습니다. 바로 홍해의 기적을 경험하고 난 후였습니다. 뒤에서는 바로의 군대가 추격해오고 앞에서는 홍해가 넘실대던 그때, 이스라엘이 나갈 길은 없어 보였습니다.

출애굽기 14장에 보면 이스라엘 백성은 심히 두려워하여 여호와께 부르짖었다고 합니다. 그러나 그때 이스라엘을 위해 중보하던 모세가 백성에게 이렇게 선포했습니다.

> 너희는 두려워하지 말고 가만히 서서 여호와께서 오늘 너희를 위하여 행하시는 구원을 보라 출 14:13

마침내 홍해가 갈라졌고, 하나님의 구원의 손길을 경험한 이스라엘 백성은 하나님을 찬양했습니다.

여호와는 나의 힘이요 노래시며 나의 구원이시로다 그는 나의 하나님이시니 내가 그를 찬송할 것이요 내 아버지의 하나님이시니 내가 그를 높이리로다 출 15:2

제2차 세계대전 이후, 세계를 지탱하던 보편적 지도 원리가 사라지고 삶의 근거가 하루아침에 뒤바뀌고 말았습니다. 특히 경제적 불확실성이 일상화되는 현실을 지켜보면서 1977년 경제학자 존 케네스 갤브레이스(John Kenneth Galbraith)는 '불확실성의 시대'라는 화두를 던졌습니다. 그에 따르면, 우리는 다음 순간 어떤 일이 닥쳐올지 예측할 수 없기 때문에 불안하고 두려운 일상을 살아가게 된다고 합니다.

유명한 신학자 폴 틸리히(Paul Tillich)는 우리 시대에 만연한 불안의 근저에 자리 잡은 두려움이 존재론적 두려움과 목적론적 두려움이라고 말합니다. 죽음은 우리의 존재를 위협하는 존재론적 두려움이고, 결국은 나도 내 인생의 목적을 이루지 못하고 떠날지도 모른다는 두려움이 목적론적 두려움입니다.

이런 불확실한 세상을 살아가는 우리에게 믿을 만한 분, 영원한 분이 계십니다. 우리는 그분의 인도를 받아 매일을 살 수 있습니다. 얼마나 감사한 사실인지 모릅니다.

복음서에 보면 회당장 야이로의 딸이 불치병에 걸려 죽고 모든 희망이 사라진 상황에서 예수님이 이렇게 말씀하시는 장면이 나옵니다.

두려워하지 말고 믿기만 하라 막 5:36

이것이 우리가 경험한 구원의 본질입니다. 두려워할 수밖에 없는 세상에서 두려움 대신 믿음으로 날마다를 살게 된 것, 이 얼마나 감사한 일입니까!

3. 목마름 대신 기쁨의 해갈을 주신다

이사야 선지자는 하나님의 백성이 경험한 구원의 본질을 절묘한 표현으로 묘사합니다. 그는 이제 우리가 구원의 우물에서 기쁨으로 물을 긷게 되었다고 말합니다. 더 이상 목마름으로 고통할 필요가 없습니다. 이사야의 시대가 지나간 지 오랜 후, 이 구원의 생수로 오신 예수님은 평생 목마름으로 방황하던 사마리아 여인에게 놀라운 약속을 주십니다.

내가 주는 물을 마시는 자는 영원히 목마르지 아니하리니 내가 주는 물은 그 속에서 영생하도록 솟아나는 샘물이 되리라 요 4:14

이것이 복음입니다. 내 안에서 영생하도록 솟아나는 샘물, 이것이 바로 우리가 예수님을 믿고 체험한 구원의 본질입니다. 행복이 우리 밖에 있는 것이 아니라 우리 안에 존재하게 되었습니다.

사마리아 여인의 반응을 보십시오. 물을 길으러 왔던 이 여인은 물동이를 버려두고 동네로 들어가서 자신이 메시아를 만났다고 소리치고 다녔습니다. 여인은 자신이 경험한 구원의 은혜를 드러내고 있습니다.

이사야 선지자는 이 구원의 우물에서 생수의 은혜로 해갈한 기쁨을 이렇게 표현합니다.

그날에 너희가 또 말하기를 여호와께 감사하라 그의 이름을 부르며 그의 행하심을 만국 중에 선포하며 그의 이름이 높다 하라 사 12:4

오늘 우리가 여는 감사의 축제, 우리 공동체가 만들어나가는 선교의 행진은 이 감격을 열방에 나누기 위한 우리의 고백입니다. 이런 우물가의 감사를 이해인 시인의 시를 통해 다시 묵상해보고 싶습니다.

언제나 일상의 우물가에서 작고 초라한 두레박으로
당신께 물을 길어 드린 저에게
이제는
두레박 없이노 물 긷는 법을 거듭 깨우쳐 주시렵니까

당신이 깊고 맑은 우물 자체로 제 곁에 계신 순간부터
저의 매일은 새로운 축제입니다

긴 세월 고여왔던 슬픔과 목마름도
제 항아리 속의 물방울처럼 일제히 웃음으로 춤추며 일어섭니다

당신을 만난 기쁨이 하도 커서 제가 죄인임을 잠시 잊더라도
용서해주시겠지요?
주님, 당신을 사랑하는 기쁨은 참으로 감출 수가 없습니다

물동이를 버려두고 동네로 뛰어나간 우물가의 그 사마리아 여인처럼
저도 이제는 더 멀리 뛰어가게 하소서
더 많은 이들을 당신께 데려오기 위하여
그리고
생명의 물 이야기를 하기 위하여
_ 우물가의 사마리아 여인처럼, 이해인

《어린 왕자》의 교훈을 다시 생각합니다.
"사막이 아름다운 건 어딘가 우물이 숨어 있기 때문이야."
인생의 사막에서 만난 '예수 그리스도'라는 구원의 우물. 그 우물
에서 우리는 목마름을 해결할 수 있었습니다. 사막은 아직도 견디
기 힘든 모래 폭풍을 가져옵니다. 사막은 아직도 우리를 힘겹게 주

저앉힙니다. 그래도 여전히 사막은 아름답다고 고백할 수 있습니다. 인생은 살만한 것이며, 아름다운 것이라고 말할 수 있습니다. 구원의 우물 되신 예수님이 계시기 때문입니다.

나를 위해 죽으시고, 나를 위해 부활하신 예수 그리스도, 그분이 내 손을 잡아 일으켜 주시기에 그분과 함께 나는 마침내 사막의 여정을 마칠 수 있게 될 것입니다.

"하나님, 감사합니다!"

이것이 우리가 주께 드리는 진정한 감사의 고백이 될 수 있기를 바랍니다.

보라, 왕이 오신다!

이사야서 32장 1-4절

—

보라 장차 한 왕이 공의로 통치할 것이요 방백들이 정의로 다스릴 것이며 또 그 사람은 광풍을 피하는 곳, 폭우를 가리는 곳 같을 것이며 마른 땅에 냇물 같을 것이며 곤비한 땅에 큰 바위 그늘 같으리니 보는 자의 눈이 감기지 아니할 것이요 듣는 자가 귀를 기울일 것이며 조급한 자의 마음이 지식을 깨닫고 어눌한 자의 혀가 민첩하여 말을 분명히 할 것이라

무엇에 뿌리 내리고 있는가

우리가 살고 있는 시대를 두고 사람들은 '리더십 실종의 시대' 혹은 '리더십 불신의 시대'라고 합니다. 인터넷이 발달하면서 모든 것이 공개되고 투명해져가는 세상에서 불완전한 리더가 지속적으로 존경받는 일이 불가능해진 것입니다.

그런데 이런 시대에 보기 드문 리더십으로 10년 이상 존경을 받아온 여성 리더가 있습니다. 그녀의 리더십을 사람들은 '논쟁과 경청, 소통과 통합의 리더십'이라고 정의합니다. 보편적 정의는 그녀의 가장 중요한 사색의 근거가 되었으며, 그녀는 위기를 기회로 역전시키는 창조적 지도력을 발휘해왔습니다. 자유가 억제 당하는 땅에서 태어났기에 자유는 더욱 소중한 그녀의 가치가 되었습니다.

그녀는 자기 조국의 역사적 과오를 인정하고 참회하는 일에 정직한 지도자로, 일본의 아베와 비교되기도 합니다. 그녀는 총리로 선임된 후에도 반대당의 좋은 정책을 수용하는 일을 주저하지 않았습니다. 16개의 장관직 중 6개를 야당에 양보하는 관용과 연합으로 국민의 마음을 샀습니다. 결정적으로 나라의 경제를 부활시켰고, 실업문제를 근본적으로 해결했다는 평가를 받았습니다.

여성으로서 3선의 영예를 안았고, 국제질서가 갈등을 겪을 때마다 재조명 받고 있는 그녀의 리더십은 '무띠(mutti, 엄마) 리더십'으로 불리고 있습니다.

그녀는 자신의 리더십을 형성한 중요한 기초로 개신교 목사인 아버지의 신앙 교육과 어린 시절부터 그녀의 정신을 만든 하나님의 말씀, 그리고 영원한 리더의 표상이자 구원자이신 예수 그리스도를 꼽았습니다. 그녀는 바로 앙겔라 메르켈 독일 총리입니다.

예수님의 메시아 리더십

이사야 선지자는 인류의 진정한 왕으로 오실 예수 그리스도의 메시아 리더십을 예언하고 조명합니다.

> 보라 장차 한 왕이 공의로 통치할 것이요 방백들이 정의로 다스릴 것이며 사 32:1

이는 공의와 정의로 인류를 다스릴 한 왕이 역사의 지평선에 등장할 것을 예언한 말씀입니다. 그분을 만나게 되면 우리에게 어떤 일이 벌어질까요?

> 보는 자의 눈이 감기지 아니할 것이요 듣는 자가 귀를 기울일 것이며 사 32:3

그렇게 되면 우리가 제대로 보고 제대로 듣는 자가 된다는 약속입니다. 인생의 어둠은 볼 것을 보지 못하고 들어야 할 것을 듣지 못할 때 임하게 됩니다. 그런데 메시아가 오시면 우리의 눈과 귀를 열어주신다고 합니다.

조급한 자의 마음이 지식을 깨닫고 어눌한 자의 혀가 민첩하여 말을 분명히 할 것이라 사 32:4

메시아를 통해 우리는 비로소 참된 지식을 만나고 우리의 혀는 참된 메시지를 증언하게 될 것입니다.

그렇다면 과연 이사야가 예언한 메시아의 리더십, 왕 중의 왕이신 예수님의 리더십은 어떤 리더십일까요?

1. 피난처 리더십

선지자는 우리가 기다리는 리더는 '광풍을 피하는 곳, 폭우를 가리는 곳' 같을 것이라고 말합니다. 그것은 그분이 광풍과 폭우에서 우리가 피할 수 있는 리더십을 제공하시는 분이라는 뜻입니다.

또 그 사람은 광풍을 피하는 곳, 폭우를 가리는 곳 같을 것이며 마른 땅에 냇물 같을 것이며 곤비한 땅에 큰 바위 그늘 같으리니 사 32:2

지금은 과거에는 예측하지 못했던 광풍과 폭우가 몰아치고 있습니다. 낭만과 예술의 도시 파리 한복판에서까지 충격적인 테러 사건이 일어나면서 이 세상 어디에도 안전한 곳이 없다는 것을 다시 한 번 알게 되었습니다. 한때 우리는 미국이나 유럽으로 이민을 가면 안전이 보장된 세상에서 여생을 즐길 수 있다고 생각했습니다. 실제로 우리나라를 떠나려는 이민 줄이 길게 늘어서기도 했습니다.

그러나 성경이 가리키는 유일한 피난처는 따로 있습니다. 바울은 그곳이 '그리스도 안'(en Christo)이라고 말합니다. 바울은 하나님이 그리스도 안에서 우리를 택하셨다고 말합니다(엡 1:4). 하나님이 그리스도 안에서 모든 신령한 복을 주셨다고 말합니다(엡 1:3). 하나님이 그리스도 안에서 그분의 은혜로 속량, 곧 죄 사함을 얻게 하셨다고 말합니다(엡 1:7). 하나님이 그리스도 안에서 우리가 그분의 영광의 찬송이 되게 하셨다고 말합니다(엡 1:12). 하나님이 그리스도 안에서 약속의 성령으로 인 치심을 받게 하셨다고 말합니다(엡 1:13). 그렇습니다. 그리스도 안에 있는 것보다 복되고 안전한 피난처는 이 세상 어디에도 없습니다.

제2차 세계대전 당시 나치 독일이 유대인 색출에 열을 올리고 있을 때, 네덜란드에 사는 유대인들에게 특별한 피난처가 주어졌습니다. 1943년과 1944년 두 해에 걸쳐 시계공이었던 신실한 그리스도인 캐스퍼 텐 붐(Casper Ten Boom)은 두 딸 베시, 코리와 함께 살던 집에 유대인을 숨겨주었습니다. 코리의 방 가벽 뒤에 피난처를 만들고 쫓겨 다니던 유대인들을 한번에 6-10명씩 상시적으로 숨겨주었는데, 그 수가 모두 800명이나 되었습니다. 물론 이것은 위험한 일이었습니다.

이 일은 1944년 2월, 누군가의 밀고로 끝나고 맙니다. 코리의 가족은 체포되어 수용소로 가야 했고, 캐스퍼와 딸 베시는 수용소에서 죽음을 맞았습니다.

수용소에서도 복음을 전했던 코리는 전쟁이 끝난 후 53세에 출

옥하여 91세 자신의 생일 날 주님의 부르심을 받기까지, 전 세계 60여 나라를 방문하여 하나님의 사랑을 증거하는 전도자의 삶을 살았습니다.

코리 텐 붐은 어릴 적 자신의 집이 유대인들의 피난처였던 것처럼 라벤스부르크 집단수용소가 자신의 피난처였다고 말합니다. 왜냐하면 그곳에서 그녀는 그리스도와 함께, 그리스도 안에 있었기 때문입니다. 그녀가 쓴 책 《주는 나의 피난처》(Hiding Place)는 세계적인 베스트셀러가 되었고 영화로도 만들어졌습니다. 네덜란드에 위치한 그녀의 생가(生家)는 박물관이 되었고, 그 집 앞에는 '피난처'라는 간판이 걸렸습니다.

그러나 코리 텐 붐이 증언한 것처럼 우리는 진정한 피난처는 예수 그리스도이십니다. 그분은 인생들에게 가장 안전한 피난처를 제공하시는 구주이자 주님, 우리의 왕, 우리의 리더이십니다.

2. 부활의 리더십

이사야는 다시 오실 왕 메시아의 리더십이 "마른 땅에 냇물 같을 것"이라고 말합니다. 가뭄이 심각하면 작물이 자랄 수가 없습니다. 마른 강바닥과 논과 밭의 황폐한 모습은 우리를 안타깝게 합니다. 이런 메마른 강과 논밭에 단비가 내리고, 다시 대지와 강이 생수를 머금고 부활하는 모습을 그려보십시오.

요한복음에서 메시아 되신 예수님은 목마른 영혼에게 생수를 제공하시는 분으로 묘사되고 있습니다. 예수님이 사마리아 우물가에서 만난 여인에게 주셨던 말씀을 보십시오.

> 예수께서 대답하여 이르시되 네가 만일 하나님의 선물과 또 네게 물 좀 달라 하는 이가 누구인 줄 알았더라면 네가 그에게 구하였을 것이요 그가 생수를 네게 주었으리라 요 4:10

이 대화는 우물가에 물을 길으러 온 사마리아 여인에게 예수님이 물을 달라고 하심으로 시작되었습니다. 예수님이 여인에게 물을 달라고 하셨지만, 만일 여인이 예수님이 누구신지 알았다면 오히려 그분에게 물을 구했을 것이고, 그러면 예수님이 생수를 주셨을 것이라는 내용입니다. 얼마나 재미있는 대화입니까? 이 대화를 통해 예수님은 그녀에게 약속의 말씀을 주셨습니다.

> 내가 주는 물을 마시는 자는 영원히 목마르지 아니하리니 내가 주는 물은 그 속에서 영생하도록 솟아나는 샘물이 되리라 요 4:14

예수님의 약속은 거기에 머물지 않습니다.

> 나를 믿는 자는 성경에 이름과 같이 그 배에서 생수의 강이 흘러나오리라 요 7:38

예수님이 주시는 생명은 우리 안에 샘물이 되어 솟아오를 뿐 아니라, 생명의 강이 되어 흘러갈 것이라는 약속의 말씀입니다. 이 위대한 약속을 예수님은 이렇게 요약하십니다.

> 내가 온 것은 양으로 생명을 얻게 하고 더 풍성히 얻게 하려는 것이라
> 요 10:10

이런 예수님의 사역은 죽은 생명들을 살리는 부활의 사역이며, 그분의 이런 리더십은 부활의 리더십이라고 말할 수 있습니다.

일제의 수탈로 나라를 잃고 망국의 비운에 울던 이 땅을 방문한 에모리 대학교의 총장 캔들러(W. A. Candler) 박사는 한반도 방문 소감을 이렇게 남겼습니다.

"여러분은 마음이 깨지고 흐트러진 나라를 본 일이 있습니까? 보지 못하였다면 한국을 보지 못한 것이 확실합니다. … 한국은 이제 희망이 없는 것 같습니다. 몇 세기를 두고 추구한 일본제국의 야망이 성취되어서 한국은 마지막 독립의 희망마저 잃고 말았습니다."

그런데 이런 절망에 빠진 한국인들이 예수의 복음을 받아들였습니다. 새벽을 깨우며 기도했습니다. 문맹퇴치 운동을 하고, 농촌을 개량하고, 독립운동을 시작했습니다. 마른 땅에 생수의 강이 흐르기 시작한 것입니다. 황무하던 땅에서 민중의 영혼이 살아났습니다. 예수님이 그들을 살려내시기 시작한 것입니다.

암울했던 일제지하 때 교회에서는 물론 교회 밖에서까지 널리 불리던 노래가 한 곡 만들어졌습니다. 이 곡은 "신앙구국, 교육입국"

을 외친 믿음의 독립운동가 남궁억 선생이 작사한 찬송가 〈삼천리 반도 금수강산〉입니다.

> 삼천리 반도 금수강산 하나님 주신 동산
> 삼천리 반도 금수강산 하나님 주신 동산
> 이 동산에 할 일 많아 사방에 일꾼을 부르네
> 곧 이 날에 일 가려고 그 누가 대답을 할까
> 일하러 가세 일하러 가 삼천리 강산 위해
> 하나님 명령 받았으니 반도강산에 일하러 가세
> _삼천리 반도 금수강산, 새찬송가 580장

복음의 주인이신 예수님, 죽음에서 부활하신 예수님, 그분은 진실로 죽은 자를 살리시고 죽은 민족도 살리시는 부활의 리더이십니다.

3. 안식의 리더십

또한 이사야 선지자는 오실 메시아, 그분이 "곤비한 땅에 큰 바위 그늘 같으리니"(사 32:2)라고 말합니다. 그분이 진정 곤비한 인생의 안식이 되실 것이라고 약속한 것입니다. 나무 한 그루를 찾아보기 어려운 사막에서 큰 바위 그늘을 만나는 것은 기적 같은 행운입니다. 큰 바위 그늘은 큰 나무의 그늘 이상으로 시원한 안식처를 제공하기 때문입니다.

메시아로 오신 예수님의 초대를 우리는 기억합니다. 그분은 "수

고하고 무거운 짐 진 자들아 다 내게로 오라 내가 너희를 쉬게 하리라"(마 11:28)라고 약속하셨습니다. 예수님을 만난 인생은 모두 세상에서는 얻을 수 없던 참 안식을 경험합니다. 이것은 모든 짐의 근원인 죄의 문제를 예수님을 통해 해결 받은, 곧 죄 사함을 체험한 사람들의 보편적 간증이기도 합니다.

어거스틴도 그의 《참회록》에서 "우리 마음이 주님의 품 안에 쉬기까지는 참 안식이 없나이다"라고 고백했습니다. 예수님의 리더십은 안식의 리더십입니다. 그분을 만난 자마다 방황을 그치고 참 안식의 은혜를 경험합니다. 이것은 세상의 많은 리더들이 자신을 따르는 자들을 부리고 힘들게 하는 모습과 몹시 대조적입니다.

예수님은 개인에게만 이런 안식을 약속하시지 않습니다. 민족과 그들이 사는 땅에도 이런 안식을 약속하십니다. 본문의 증언처럼 그분은 '곤비한 땅에 그늘'을 약속하십니다.

1905년, 을사늑약이 체결되고 나라를 잃은 이 민족이 쳐다볼 곳은 사실 하늘밖에 없었습니다. 1907년, 평양대부흥이 일어났을 때 부흥의 현장에서 제일 많이 불렀던 찬송가가 있습니다. 바로 〈하늘 가는 밝은 길이〉입니다. 당시 이 찬송은 민족의 찬송이었습니다.

하늘 가는 밝은 길이 내 앞에 있으니
슬픈 일을 많이 보고 늘 고생하여도
하늘 영광 밝음이 어둔 그늘 헤치니
예수 공로 의지하여 항상 빛을 보도다

내가 염려하는 일이 세상에 많은 중
속에 근심 밖에 걱정 늘 시험하여도
예수 보배로운 피 모든 것을 이기니
예수 공로 의지하여 항상 이기리로다

내가 천성 바라보고 가까이 왔으니
아버지의 영광 집에 나 쉬고 싶도다
나는 부족하여도 영접하실 터이니
영광 나라 계신 임금 우리 구주 예수라
_하늘 가는 밝은 길이, 새 찬송가 493장

우리 왕이신 예수님, 그분의 품 안에 안기는 것이 참된 안식입니다. 우리 민족은 그분의 품 안에서 세상이 주지 못했던 안식을 누리고, 일어나 새로운 나라를 꿈꾸며 준비했습니다. 하늘이 내린 안식, 우리의 큰 바위 그늘이 되신 예수의 안식이 짓밟힌 민족의 새 역사의 요람이 된 것입니다.

우리에게도 이런 안식이 필요하지 않습니까? 그렇다면 우리 민족이 다시 예수님에게로 나아오도록 기도해야 합니다. 우리 가정이 예수님에게 나아오도록 기도해야 합니다. 우리의 방황하는 이웃이 예수님에게로 나아오도록 기도해야 합니다.

그분이 오시면, 그분을 만나면, 왕의 통치를 경험하면 폭우도 광풍도 비켜가는 것을 경험할 것입니다. 우리가 살고 있는 마른 땅에 생수의 강이 흐를 것입니다. 큰 바위 그늘이 우리의 땀을 씻어줄 것입니다. 그때 우리는 진정한 하늘의 안식을 경험하게 될 것입니다. 그리고 일어나 새로운 내일을, 새로운 미래를 꿈꾸며 일하게 될 것입니다. 그분의 놀라운 리더십을 체험하는 우리가 되길 바랍니다.

11

구원의 궁극적 소망

이사야서 35장 1-4절

—

광야와 메마른 땅이 기뻐하며 사막이 백합화같이 피어 즐거워하며 무성하게 피어 기쁜 노래로 즐거워하며 레바논의 영광과 갈멜과 사론의 아름다움을 얻을 것이라 그것들이 여호와의 영광 곧 우리 하나님의 아름다움을 보리로다 너희는 약한 손을 강하게 하며 떨리는 무릎을 굳게 하며 겁내는 자들에게 이르기를 굳세어라, 두려워 하지 말라, 보라 너희 하나님이 오사 보복하시며 갚아주실 것이라 하나님이 오사 너희를 구하시리라 하라

실낙원에서 복락원으로

영국의 청교도 혁명에 가담했다가 실패한 한 정치가가 감옥에 갇혔습니다. 그런데 이 수감생활이 그에게 본래 주어졌던 은사인 문학적 재능으로 돌아가는 계기가 되었습니다. 그러나 미래가 유망했던 정치가요 작가였던 이 영국인은 삶의 스트레스를 이기지 못하고 44세의 나이에 실명하고 맙니다. 그는 이 불행 속에서도 글을 계속 썼습니다.

그를 버리고 떠났던 아내는 다시 돌아왔으나 세 딸을 남겨두고 먼저 세상을 떠났습니다. 48세에 재혼한 두 번째 아내도 결혼한 지 1년 만에 세상을 떠났습니다. 이제 그에게 남아 있는 세속적인 위로는 아무것도 없었습니다. 그에게 유일한 위로는 하나님의 말씀을 묵상하는 것이었습니다. 그가 특히 좋아한 말씀이 있었습니다.

하나님은 빛이시라 그에게는 어둠이 조금도 없으시다는 것이니라
요일 1:5

앞을 보지 못하는 캄캄한 어둠 속에서도 그는 인생을 이렇게 끝낼 수는 없다는 각오로 기도하며, 자신에게 영적 빛을 비춰준 성경 이야기 속으로 들어가 글을 썼습니다.

다행스럽게도 55세에 맞이한 세 번째 아내 엘리사벳이 헌신적으로 그를 도왔습니다. 그는 밤이면 상상의 나래를 펼치며 작품을 구상했고, 아침이 되면 그를 돕는 이들에게 구술함으로 작품을 써내

려갔습니다.

그의 나이 59세, 그가 실명한 지 15년 만에 12권(초판은 10권)의 대작, 기독교 문학의 최대 서사시이자 영국의 르네상스를 대표하는 작품인 《실낙원》(Paradise Lost)이 태어납니다.

이 이야기의 주인공은 존 밀턴입니다. 《실낙원》은 사탄의 유혹으로 초래된 인간의 죄와 타락이 가져온 낙원의 상실에 대한 성경적 증언을 생생하고 시적인 필체로 엮은 책입니다.

어느 날, 밀턴의 친구인 토머스 엘우드(Thomas Ellwood)가 그에게 물었습니다.

"자네는 낙원 상실의 이야기만 하고 낙원을 다시 찾는 일에는 관심이 없는 건가?"

이 말에 도전을 받은 그는 다시 구상을 시작하여 1671년, 즉 그가 세상을 떠나기 4년 전인 그의 나이 62세에 《실낙원》의 후속 작품인 《복락원》(Paradise Regained)을 펴냅니다. 그는 여기에 제2의 아담이신 예수 그리스도께서 사탄의 유혹을 이기시고 인류가 상실했던 그 낙원을 되찾게 해주신다는 이야기를 담았습니다.

회복을 주실 메시아

우리는 실낙원과 복락원 사이에서 살고 있습니다. 아직은 낙원이 회복되지 못한, 그래서 죄와 타락의 징후가 우리를 괴롭히는 고통과 타락의 세상에서 살고 있습니다. 세상에서의 이런 고통과 갈등이 언제까지 계속될까요?

이사야는 '메시아가 다시 오실 때까지'라고 말합니다. 이는 구원의 궁극적 소망이 됩니다. 그분이 다시 오시면 어떤 일이 벌어질까요? 우리가 기다리는 메시아를 통해 주시는 궁극적 소망의 약속은 무엇일까요? 이사야는 본문을 통해 두 가지 약속을 전합니다.

1. 땅을 회복하실 메시아

메시아는 슬픔의 땅을 기쁨의 땅으로 회복하실 것입니다. 이사야서 33장은 슬퍼하고 쇠잔한 땅의 모습을 그리고 있습니다.

> 땅이 슬퍼하고 쇠잔하며 레바논은 부끄러워하고 마르며 사론은 사막과 같고 바산과 갈멜은 나뭇잎을 떨어뜨리는도다 사 33:9

그 땅에 완전한 회복의 약속이 주어집니다.

> 광야와 메마른 땅이 기뻐하며 사막이 백합화같이 피어 즐거워하며 무성하게 피어 기쁜 노래로 즐거워하며 레바논의 영광과 갈멜과 사론의 아름다움을 얻을 것이라 그것들이 여호와의 영광 곧 우리 하나님의 아름다움을 보리로다 사 35:1,2

슬퍼하던 땅이 기뻐하게 된다는 약속입니다. 사막이 백합화같이 피어나게 된다는 약속입니다. 부끄러워하고 메말랐던 땅이 아름다움과 영광의 땅으로 회복된다는 약속입니다. 이 약속은 7절에도 이어집니다.

뜨거운 사막이 변하여 못이 될 것이며 메마른 땅이 변하여 원천이 될
것이며 승냥이의 눕던 곳에 풀과 갈대와 부들이 날 것이며 사 35:7

왜 이런 땅의 회복이 필요하게 되었을까요?
창세기는 인간의 죄와 타락이 인간이 살아가는 땅에까지 영향을
끼쳤다고 증거합니다.

아담에게 이르시되 네가 네 아내의 말을 듣고 내가 네게 먹지 말라
한 나무의 열매를 먹었은즉 땅은 너로 말미암아 저주를 받고 너는
네 평생에 수고하여야 그 소산을 먹으리라 땅이 네게 가시덤불과 엉
겅퀴를 낼 것이라 네가 먹을 것은 밭의 채소인즉 창 3:17,18

바울은 이런 땅의 저주로 말미암은 피조세계의 고통을 실감나게
증언합니다.

피조물이 다 이제까지 함께 탄식하며 함께 고통을 겪고 있는 것을 우
리가 아느니라 롬 8:22

자연의 신음소리, 자연의 탄식을 들어본 적이 있습니까? 자연을
볼 때 아름다움을 느끼게 되는 것이 사실이지만, 다른 한편으로 생

각할 때 그것은 피상적인 관찰에 지나지 않습니다. 동물세계에도 약육강식, 질병과 전쟁, 생존경쟁의 피나는 고통이 있습니다. 식물 세계에도 가시와 바이러스, 병충해로 말미암은 고통과 죽음이 날마다 이어지고 있습니다.

인류는 인간의 탐욕으로 빚어낸 무분별한 개발로 환경을 오염시키며 파괴했고, 이로 인해 지구는 병들어가고 있습니다. 자연은 이상고온, 엘니뇨 현상 등으로 울부짖고 있습니다.

오늘날 생태계의 위기는 인류 최대의 생존 문제로 떠올랐습니다. 창조자 하나님은 우리를 땅의 청지기이자 관리자로 세우셨습니다. 그러므로 이제 우리는 자연을 보호하고 회복하는 일에도 관심을 가져야 합니다. '우리가 자연을 보호하면 자연이 우리를 보호한다'는 말은 성경의 진리와 일치합니다.

가난한 이웃을 구제하고 섬기는 이웃 사랑 못지않게 자연을 보호하고 환경을 정화하는 일에도 능동적으로 참여해야 합니다. 성경은 우리가 그리스도의 다시 오심을 소망해야 하는 이유도 그분이 땅의 온전한 구원자와 회복자로 오실 것이기 때문이라고 말합니다. 이런 자연보호 운동에 나서는 그리스도인들을 우리는 '그린 크리스천'(Green Christian)이라고 부릅니다.

2. 인간 됨을 회복하실 메시아

하나님이 처음 인간을 지으셨을 때의 상태를 잘 나타내주는 말씀이 있습니다.

사람이 무엇이기에 주께서 그를 생각하시며 인자가 무엇이기에 주께서 그를 돌보시나이까 그를 하나님보다 조금 못하게 하시고 영화와 존귀로 관을 씌우셨나이다 시 8:4,5

하나님은 인간을 영화롭고 존귀하게 지으셨습니다. 그런데 오늘날 이 세상은 왜 그렇게도 부끄럽고 추한 인생들로 가득 차 있습니까? 이것이 바로 타락한 인간의 실존입니다. 우리의 몸은 약함과 질병으로 상처받고, 우리의 마음은 두려움과 불신으로 가득 차 있습니다.

이것이 바로 인간 타락의 실재입니다. 그래서 바울은 우리의 궁극적 소망을 이렇게 그립니다.

그뿐 아니라 또한 우리 곧 성령의 처음 익은 열매를 받은 우리까지도 속으로 탄식하여 양자 될 것 곧 우리 몸의 속량을 기다리느니라

롬 8:23

그때가 언제입니까? 바로 메시아가 다시 오실 때입니다. 이사야 선지자는 그날의 소망을 지닌 사람들에게 본문의 약속으로 위로하고 있습니다.

너희는 약한 손을 강하게 하며 떨리는 무릎을 굳게 하며 겁내는 자들에게 이르기를 굳세어라, 두려워하지 말라, 보라 너희 하나님이 오

사 보복하시며 갚아주실 것이라 하나님이 오사 너희를 구하시리라

사 35:3,4

그렇습니다. 구원의 하나님이 다시 오시는 날에 우리의 인간 됨이 온전하게 회복될 것입니다. 우리의 약함은 강함으로 바뀌고, 우리의 질병은 치유되며, 우리는 더 이상 겁과 두려움의 노예가 되어 살 필요가 없어질 것입니다.

본문에 이어 계속되는 약속의 말씀을 보십시오.

그때에 맹인의 눈이 밝을 것이며 못 듣는 사람의 귀가 열릴 것이며 그 때에 저는 자는 사슴같이 뛸 것이며 말 못하는 자의 혀는 노래하리니 이는 광야에서 물이 솟겠고 사막에서 시내가 흐를 것임이라 사 35:5,6

자연의 회복과 함께 인간 됨의 온전한 회복을 언약하시는 말씀입니다. 사실 이런 소망은 이미 예수님이 이 땅에 구원자로 오실 때부터 이루어지기 시작했습니다.

그분은 시각장애인을 만져서 앞을 보게 하시고, 청각장애인의 귀를 열어 듣게 하시고, 말 못하는 언어장애인의 혀를 만져 노래하게 하셨습니다. 무엇보다 목자 없이 방황하며 두려움에 잡혀 있던 사람들이 온 세상을 상대로 담대하게 복음을 전하는 자들이 되게 하셨습니다.

물론 지금 우리는 치유하고 구원하시는 주님의 기적 사역을 부분

적으로만 경험할 뿐이지만 그분이 다시 오시는 그날에는 온전한 회복을 경험하게 될 것입니다.

그것을 참으로 믿는다면, 지금 우리의 손과 무릎이 정상이 아니어도 절망할 필요가 없습니다. 팔과 다리가 정상이 아니어도 두려워할 필요가 없습니다. 우리를 굳세게 하시는 그분이 우리를 붙들고 계시기 때문입니다. 구원의 궁극적 소망이 기다리고 있기 때문입니다.

회복의 주님을 만나라

이런 놀라운 약속을 믿고 살아가는 사람 중에 닉 부이치치라는 사람이 있습니다. 그는 팔과 다리 없이 태어났지만, 기적을 만들며 살아가고 있습니다.

그는 1982년 호주 멜버른에서 목사의 아들로 태어났습니다. 목사의 첫 아들이 팔과 다리가 없는 괴물처럼 태어나자 담당 의사와 온 교회는 큰 충격을 받았습니다. 그러나 그들은 요한복음 9장 3절 말씀을 읽으며, 그가 그렇게 태어난 것은 자기나 부모의 죄 때문이 아니라 하나님의 하시는 일을 나타내기 위해서라는 말씀을 받아들이기로 했습니다.

예수께서 대답하시되 이 사람이나 그 부모의 죄로 인한 것이 아니라 그에게서 하나님이 하시는 일을 나타내고자 하심이라 요 9:3

비록 팔다리는 없지만 몸의 다른 기능이 정상인 것을 감사했습니다. 그리고 다리 쪽에 붙은 작은 뼈(chicken bone)를 이용해서 기고 굴러갈 수 있다는 사실에도 감사했습니다.

그러던 어느 날, 닉은 로마서 8장 28절 말씀을 읽다가 자신에게 주신 작은 뼈를 닭다리처럼 사용하여 모든 것을 하게 하신 분이 주님이심을 믿게 되었습니다.

우리가 알거니와 하나님을 사랑하는 자 곧 그의 뜻대로 부르심을 입은 자들에게는 모든 것이 합력하여 선을 이루느니라 롬 8:28

그 후에 어떤 일이 일어났는지 아십니까? 그는 팔다리가 없는 몸으로, 그러나 몸 한쪽에 뭉툭하고 작게 튀어나온 그 뼈를 사용하여 드럼을 치고, 스케이트보드를 타고, 수영을 하고, 스쿠버 다이빙과 축구를 하고, 골프를 치고, 컴퓨터를 능숙하게 다루게 되었습니다. 심지어 치아에 낚싯줄을 물고는 적절한 시점에 풀어주고 당기면서 낚시도 하고, 어깨를 움직여 오케스트라를 지휘하기도 했습니다.

그는 이렇게 말합니다.

저는 기적을 믿습니다. 그래서 아직도 정상인처럼 자유롭게 걷고 무거운 것을 들어 올리고 도구를 마음껏 활용하는 날을 주께서 주시리라고 믿습니다. 그러나 그날을 기다리면서 저는 제게 이미 주신 것들을 감사하며 기적을 만들고 싶습니다. 기적을 바라기만 하는 자가 아니라 기적이 되는 삶을 살고 싶습니다.

저는 팔도 다리도 없지만 한계도 없습니다. 포기하지 않으면 절망을 희망으로 바꿀 수 있습니다.

닉 부이치치가 절망의 자리에서 가졌던 하나님과 그리스도에 대한 믿음, 그와 동일한 믿음을 가지고 회복의 삶에 도전해보지 않겠습니까?

우리의 약한 손을 펴 주님의 손을 붙드시길 바랍니다. 아픈 무릎을 주께 드려 기도의 무릎으로 삼아보십시오. 십자가에서 나를 위해 죽으시고, 내게 새 생명을 주시고자 다시 사신 주님을 바라보십시오. 믿음으로 사랑하는 그분의 거룩한 능력을 힘입으십시오. 주님이 내게 주신 환경과 인생을 거절하지 말고 받아들이십시오.

고통스런 오늘의 삶 속에도 모든 것을 통해 선을 이루실 하나님의 뜻이 있다는 것을 믿고, 우리도 이렇게 선포합시다.

우리가 알거니와 하나님을 사랑하는 자 곧 그의 뜻대로 부르심을 입은 자들에게는 모든 것이 합력하여 선을 이루느니라 롬 8:28

믿음으로 도전하십시오. 닉 부이치치의 인생에 있었던 한계를 초월하는 비상이 우리의 삶 속에서 시작될 것입니다.

무엇이 우리를 붙들고 있습니까? 무엇이 우리를 낙심하게 만듭니까? 무엇이 우리를 절망하게 만들고 있습니까? 우리 앞에 있는 사랑하는 주님의 놀라운 약속의 말씀을 붙드십시오. 그리고 내 인생을 인도하시겠다고 하신 그분의 약속 앞에 인생을 맡기십시오. 그렇게 그분의 손을 붙잡을 수 있다면, 하나님이 마침내 내 인생에서 이루실 회복의 기적을 지금부터 경험하는 놀라운 삶을 살아가게 될 것입니다.

히스기야의 기도

이사야서 38장 1-6절
—

그때에 히스기야가 병들어 죽게 되니 아모스의 아들 선지자 이사야가 나아가 그에게 이르되 여호와께서 이같이 말씀하시기를 너는 네 집에 유언하라 네가 죽고 살지 못하리라 하셨나이다 하니 히스기야가 얼굴을 벽으로 향하고 여호와께 기도하여 이르되 여호와여 구하오니 내가 주 앞에서 진실과 전심으로 행하며 주의 목전에서 선하게 행한 것을 기억하옵소서 하고 히스기야가 심히 통곡하니 이에 여호와의 말씀이 이사야에게 임하여 이르시되 너는 가서 히스기야에게 이르기를 네 조상 다윗의 하나님 여호와께서 이같이 말씀하시기를 내가 네 기도를 들었고 네 눈물을 보았노라 내가 네 수한에 십오 년을 더하고 너와 이 성을 앗수르 왕의 손에서 건져내겠고 내가 또 이 성을 보호하리라

역설적인 복음

'구약의 복음 전도자'로 불리는 이사야는 구세주이신 메시아의 오심을 가장 많이 예언한 구약의 선지자요, 인류 구원의 기쁜 소식을 전한 선지자입니다. 그런데 본문에서 이사야는 뜻밖에도 기쁜 소식이 아닌 슬픈 소식을 전하고 있습니다.

본문이 기록되던 당시 유다의 왕은 히스기야였습니다. 그는 유다의 왕 중에서는 보기 드물게 선정을 베풀어 백성의 존경을 받던 왕이었습니다. 열왕기하 18장 1-8절을 읽어보면 그는 하나님 앞에 정직한 왕(3절), 우상숭배를 근절한 왕(4절), 여호와를 신뢰한 왕(5절), 여호와의 계명을 지킨 왕(6절)으로 묘사됩니다.

병들어 누워 있는 히스기야에게 나아간 이사야는 이런 메시지를 전합니다.

> 그때에 히스기야가 병들어 죽게 되니 아모스의 아들 선지자 이사야가 나아가 그에게 이르되 여호와께서 이같이 말씀하시기를 너는 네 집에 유언하라 네가 죽고 살지 못하리라 사 38:1

얼마나 슬픈 소식입니까? 병들어 누운 것만 해도 괴로운데 하나님의 선지자가 와서 자신이 낫지 못하고 죽게 될 것이라고 선언했습니다. 그러나 결과적으로 보면 이런 선언은 오히려 그에게 복음이 되었습니다. 이사야가 전한 소식이 왕에게 유익하게 작용했기 때문입니다.

이런 것을 우리는 고사성어로 '새옹지마'(塞翁之馬)라고 합니다. 옛날에 중국 변방에 살던 한 노인이 기르던 말이 오랑캐 땅으로 달아나는 바람에 낙심했는데, 달아났던 말이 준마 한 필을 끌고 온 덕분에 훌륭한 말을 한 필 더 얻게 되었다고 합니다.

그러나 아들이 그 준마를 타다가 떨어져 다리가 부러졌다. 이에 노인은 다시 낙심했지만, 그로 인해 아들이 전쟁에 끌려 나가지 않고 죽음을 면할 수 있었다는 이야기를 담고 있습니다. 즉, 인생의 길흉화복은 변화가 많아서 예측하기가 어렵다는 의미로, 중국 《회남자》의 〈인간훈〉(人間訓)에 나오는 말입니다.

고난 가운데 경험하는 유익

인생을 살다 보면 다사다난한 일들을 겪게 됩니다. 그런 일들 가운데 우리가 겪은 고통과 질병, 실패와 좌절, 사망의 그림자가 우리가 그토록 기다리던 복된 소식이 될 수도 있을까요?

이런 질문을 하는 이들을 위해 히스기야 왕의 질병과 죽음에 대한 예언을 살펴보고자 합니다. 이사야가 히스기야 왕에게 전한 복음의 실체는 무엇입니까?

1. 고난은 우리로 기도하게 한다

이사야의 예언을 들은 히스기야가 처음 보인 반응은 무엇이었습니까?

히스기야가 얼굴을 벽으로 향하고 여호와께 기도하여 이르되 여호와여 구하오니 내가 주 앞에서 진실과 전심으로 행하며 주의 목전에서 선하게 행한 것을 기억하옵소서 하고 히스기야가 심히 통곡하니

사 38:2,3

그는 가장 먼저 기도했습니다. 만약 우리가 히스기야 왕과 같은 상황에 놓인다면 아마 질문이나 항의를 먼저 했을 것입니다.

"하나님, 제가 주 앞에서 진실함과 전심으로 선하게 행하려고 애쓴 것을 다 아시면서 어찌 이런 시련을 주십니까?"

"제가 나쁜 왕이 아니라는 것을 주님도 아시지 않습니까? 그런데 왜요? 왜? 왜?"

게다가 그때 히스기야의 나이는 39세였습니다. 그러니 "인생의 전성기에, 왜 여기서 제 인생이 끝나야 합니까?"라고 항의하지 않을 수 없었을 것입니다. 그러나 히스기야는 부질없는 항의나 질문을 앞세우기보다 전심을 다하는 기도와 간구를 선택했습니다.

그는 얼굴을 벽으로 향하고 기도했습니다. 왜 하필이면 벽을 향했을까요? 그가 지금 처한 삶이 벽에 막힌 것처럼 느껴진 까닭이었을까요? 아니면 벽 건너에 계신 그분을 독대할 가장 좋은 장소로 생각했던 것일까요? 여하튼 벽은 그가 이제 다른 모든 것에 대한 관심을 차단하고 하나님께 집중할 수 있는 장소였던 것에는 틀림이 없습니다. 거기서 그는 전심전력으로 기도했습니다.

3절에는 그가 통곡하며 기도했다고 기록되어 있습니다. 정말 통

곡할 수밖에 없는 자신의 종말, 죽음 앞에 있지만, 그곳에서 기도할 수 있다는 것은 얼마나 큰 위로요 특권인지 모릅니다.

자주 부르던 복음성가 〈기도할 수 있는데〉가 생각납니다.

기도할 수 있는데 왜 걱정하십니까
기도하면서 왜 염려하십니까
기도할 수 있는데 왜 실망하십니까
기도하면서 왜 방황하십니까
_기도할 수 있는데, 고광삼

최근에는 〈부르신 곳에서〉라는 찬양도 즐겨 부릅니다.

부르신 곳에서 나는 예배하네
어떤 상황에도 나는 예배하네
내가 걸어갈 때 길이 되고
살아갈 때 삶이 되는
그곳에서 나는 예배하네
_부르신 곳에서, 김준영

이 찬양의 가사를 조금 바꾸어 불러보면 어떨까 싶습니다.

부르신 곳에서 나는 기도하네

어떤 상황에도 나는 기도하네
내가 걸어갈 때 길이 되고
살아갈 때 삶이 되는
그곳에서 나는 기도하네

실제로 히스기야의 기도가 그러했습니다. 벽 앞에서 기도하던 그에게 길이 보이기 시작했습니다. 그리고 지금까지 살아왔던 인생 중에서 가장 의미 있는 새 삶을 바라보게 되었습니다.

우리도 이렇게 기도할 수 있다는 것, 그리고 기도의 힘을 체험할 수 있다는 것, 이것이 복음입니다. 어떤 상황에서도 엎드려 살아 계신 하나님에게 간구할 수 있다는 것, 바로 이것이 복음입니다.

2. 고난은 하나님의 응답을 경험하게 한다

마침내 여호와께서 응답하십니다. 히스기야에게 주어진 하나님의 응답은 무엇입니까?

너는 가서 히스기야에게 이르기를 네 조상 다윗의 하나님 여호와께서 이같이 말씀하시기를 내가 네 기도를 들었고 네 눈물을 보았노라 내가 네 수한에 십오 년을 더하고 사 38:5

드디어 복음, 기쁜 소식이 들려왔습니다. 하나님이 히스기야의 기도, 그가 통곡하는 소리를 들으시고, 그가 흘린 눈물을 보셨습니다. 히스기야의 하나님이 나의 하나님, 우리의 하나님이십니다. 히스기야의 하나님이 지금도 우리의 눈물을 보시고, 우리의 기도를 들으시며, 응답하십니다. 이것이 바로 변치 않는 복음입니다.

본문에 이어지는 이야기를 따라가 보면 이사야는 히스기야로 기도하게 할 뿐 아니라, 치유를 위한 구체적인 처방도 전달합니다.

이사야가 이르기를 한 뭉치 무화과를 가져다가 종처에 붙이면 왕이 나으리라 하였고 사 38:21

하나님은 기적으로 우리를 치유하고 낫게 하시지만, 그렇다고 자연적 치유의 과정이나 수단을 무시하지는 않으십니다. 당시 무화과 뭉치 같은 것은 일종의 의학적 수단이었습니다. 자연과 초자연의 세상을 함께 다스리시는 하나님은 기적과 상식의 조화로 우리의 삶에 간섭하십니다.

기적을 믿는 것도 중요하지만 상식을 저버리면 우리의 신앙은 미신으로 전락하기 쉽습니다. 반대로 상식만을 신뢰하고 기적을 믿지 못한다면 우리의 삶은 상식의 벽 앞에서 주저앉기 쉽습니다.

오래전 한 기독교 의사는 자신의 진료실 앞에 이런 말을 써 붙였다고 합니다.

"처치(진단과 처방)는 의사가 하지만 치유하는 분은 하나님이십니다"(Doctors treat, God heals).

히스기야는 그 하나님을 믿었고, 마침내 그분의 응답을 경험하게 되었습니다.

3. 고난은 남은 시간을 소명으로 살게 한다

히스기야는 기도를 통해 15년의 수명을 연장받았습니다. 죽음 앞에 선 절박한 환자들은 때로 3년만, 아니 1년만이라도 생명을 연장해달라고 하나님께 간구합니다. 물론 인간의 욕망은 끝이 없어서 20년, 30년을 바랄 수도 있습니다. 그러나 분명 15년의 생명 연장은 은혜가 아닐 수 없습니다.

하나님이 히스기야에게 15년의 생명을 더 주신 것은 단순히 지상에서 더 오래 생존하라는 뜻은 아니었습니다. 그를 통해 하실 일이 있었기 때문입니다.

너와 이 성을 앗수르 왕의 손에서 건져내겠고 내가 또 이 성을 보호하리라 사 38:6

하나님은 히스기야를 통해 예루살렘과 유다를 앗수르의 침략에서 구원하시고자 했습니다. 앗수르 왕 산헤립은 북 왕국 이스라엘을 주전 721년에 멸망시켰으나 남 왕국 유다는 끈질긴 저항을 계속하고 있었습니다. 이 침략의 위협에서 유다와 예루살렘을 지키고자 하나님은 히스기야 왕을 쓰기로 결정하신 것입니다.

우리가 난지 오래 살기만 한다면 무슨 의미가 있겠습니까? 우리의 생명이 다할 때까지 후회 없이 맡은 일을 다 해내는 것, 그것이 중요하지 않겠습니까? 주 앞에 신실하게 살기를 소원하는 사람들에게 주께서 합당한 삶을 허락하시는 것입니다. 이것이 복음입니다.

아프리카 밀림의 선교사였던 리빙스턴은 삶의 위기를 맞을 때마다 이 고백을 되풀이했다고 합니다.

"나의 사명이 다하기까지 나는 죽지 않는다"(I shall not die until my work is done).

미국의 존경받는 전 대통령이자 침례교 신자인 지미 카터의 소식이 우리의 눈길을 끌었습니다. 그는 간암에 걸렸고, 암세포가 뇌까지 전이되어 수술이 불가피하다는 뉴스였습니다. 수술 전 소감을 묻는 기자들에게 그는 "나의 미래는 내가 예배하는 하나님의 손안에 있다. 내 마음은 평안하며, 나는 어떤 일에도 준비되어 있다. 나는 영원한 모험을 기다리고 있다"라고 말했습니다.

그는 고향의 마라나타 침례교회에서 청년 시절 주님께 언약한 대로, 주일학교 교사로서 마지막까지 성경을 가르치는 일에 최선을 다하는 데 남은 생의 보람을 두겠다고 말했습니다. 그는 자신이 맡은 주일학교 학생들에게 매주 성경 말씀을 가르쳤습니다. 그래서 그 교회는 그가 성경을 가르치는 광경을 지켜보기 위한 방문객으로 늘 붐볐다고 합니다.

그 후 그의 암 치료가 성공적으로 끝나 암에서 깨끗하게 해방되었다는 기적 같은 소식이 들려왔습니다. 이 소식은 그를 존경하는 사람들에게 큰 기쁨을 안겨주었습니다. 그런데 그의 치유 소식이 발표된 지 2주 만에 카터의 손자, 28세의 제레미 카터가 갑자기 세상을 떠났다는 소식을 듣게 되었습니다.

'새옹지마'라는 말을 상기하지 않을 수 없는 일이었습니다. 카터가 출석하는 교회에는 주일 이른 아침 그 소식이 전해졌고, 목사님은 카터에게 성경공부반 수업을 취소할 것인지 물었습니다.

"그대로 하겠다고 전해주세요. 다만 조금 늦겠다는 말도요."

그는 주일학교에 20분 정도 지각한 것에 양해를 구하며, 자신과 가족을 위한 기도를 부탁한 후 성경을 가르쳤다고 합니다. 그는 이런 말씀으로 그날의 성경공부반을 마무리한 것으로 전해집니다.

"'모든 육체는 풀과 같고 그 모든 영광은 풀의 꽃과 같으니 풀은 마르고 꽃은 떨어지되 오직 주의 말씀은 세세토록 있도다'(벧전 1:24,25). 이 영원하신 말씀을 붙들고 우리에게 주어진 사명을 다하는 한 주가 되길 바랍니다. 주님은 신실하십니다. 그분은 그분의 뜻을 이루실 것입니다."

이 당당함, 이것은 우리의 병이 기적적으로 치료를 받았다는 것 이상의 기적입니다. 카터의 하나님이 우리의 하나님이십니다. 그의 주님이 우리의 주님이십니다. 신실하신 그분을 믿음으로 오늘의 한 걸음을 내딛는 우리의 삶이 되길 바랍니다.

YESTERDAY'S PROPHECY

새로운 길을
여시다

PART 4

CHAPTER

13

여호와의 길을 예비하라

이사야서 40장 1-8절

—

너희의 하나님이 이르시되 너희는 위로하라 내 백성을 위로하라 너희는 예루살렘의 마음에 닿도록 말하며 그것에게 외치라 그 노역의 때가 끝났고 그 죄악이 사함을 받았느니라 그의 모든 죄로 말미암아 여호와의 손에서 벌을 배나 받았느니라 할지니라 하시니라 외치는 자의 소리여 이르되 너희는 광야에서 여호와의 길을 예비하라 사막에서 우리 하나님의 대로를 평탄하게 하라 골짜기마다 돋우어지며 산마다, 언덕마다 낮아지며 고르지 아니한 곳이 평탄하게 되며 험한 곳이 평지가 될 것이요 여호와의 영광이 나타나고 모든 육체가 그것을 함께 보리라 이는 여호와의 입이 말씀하셨느니라 말하는 자의 소리여 이르되 외치라 대답하되 내가 무엇이라 외치리이까 하니 이르되 모든 육체는 풀이요 그의 모든 아름다움은 들의 꽃과 같으니 풀은 마르고 꽃이 시듦은 여호와의 기운이 그 위에 붊이라 이 백성은 실로 풀이로다 풀은 마르고 꽃은 시드나 우리 하나님의 말씀은 영원히 서리라 하라

과거가 아닌 미래를 향하여

어리석은 사람은 과거에 매여 미래를 개척하지 못하는 사람입니다. 우리는 과거에서 교훈을 배우지만, 새로운 전망을 가지고 미래를 바라보며 새 길을 지향해야 합니다.

이사야서 40장은 이사야서에서 새로운 시작을 여는 장입니다. 학자들은 이사야서 1-39장까지의 문체와 40장 이후가 확연히 다르고, 1-39장은 앗수르의 침공이 배경이었으나 이후 내용은 바벨론 포로시대를 배경으로 한 것으로 보아 40장 이후부터는 다른 사람이 쓴 것일 수 있다고 주장하기도 합니다. 그래서 일각에서는 제2 이사야, 제3 이사야 저작설을 주장하기도 합니다.

그러나 '예언'이라는 관점에서 볼 때 한 사람이 앗수르에 대한 예언에 이어 바벨론에 대한 예언을 하지 말라는 법이 없으며, 한 사람이 책망할 때와 위로할 때의 어투가 사뭇 다를 수도 있다는 것을 생각할 때, 이런 주장을 따르기는 어려울 듯합니다.

앗수르에 이어 바벨론의 침공을 받은 유다 왕국은 주전 586년 유다의 마지막 왕 시드기야 때에 완전히 함락당하고, 이후 70년에 걸친 포로생활을 하게 됩니다. 우리 민족이 과거 일본의 식민지였을 때의 삶을 회고해보면 그 불평등과 부자유의 삶을 짐작할 만합니다.

그런데 드디어 바사의 고레스가 바벨론을 패퇴시킴으로써 자유가 찾아옵니다. 그리고 그 자유는 장차 메시아이신 예수 그리스도의 오심을 통한 온전한 자유의 서곡이 됩니다.

여호와의 길을 준비하는 자세

이제 이사야는 주의 백성에게 그 자유의 길, 여호와의 길을 서둘러 준비해야 한다고 가르칩니다. 여호와의 길을 예비하기 위해 우리가 해야 할 일은 무엇입니까?

1. 죄 사함의 확신을 가지라

이사야 선지자는 바벨론 포로생활에 지친 백성이 그렇게 듣고자 소망해온 참된 위로의 소식을 전합니다.

> 너희의 하나님이 이르시되 너희는 위로하라 내 백성을 위로하라
> 사 40:1

그 위로는 단순히 감정적이고 정서적인 것이 아닙니다. 영혼의 해방을 약속하는 복음의 위로를 말합니다. 그 위로의 본질은 그들의 죄가 사함을 받았다는 데 있습니다. 이제 그들은 더는 벌을 두려워할 필요가 없게 되었습니다. 이미 모든 죄의 대가가 지불되었기 때문입니다. 그것이 2절의 약속입니다.

> 너희는 예루살렘의 마음에 닿도록 말하며 그것에게 외치라 그 노역의 때가 끝났고 그 죄악이 사함을 받았느니라 사 40:2

흥미로운 것은 이 소식을 예루살렘 백성의 "마음에 닿도록" 말하

라고 말씀하신 것입니다. 이는 백성의 마음에 확신이 서도록 전하라는 뜻입니다. 죄 사함의 확신은 우리를 과거에서 해방하고 미래를 향해 나아가게 하는 본질적인 요청입니다.

예수 그리스도의 십자가는 우리가 과거의 죄와 작별하고 미래의 새 삶, 새 길을 향해 나아가게 하는 출발점입니다. 그분이 우리 죄를 대신 담당하고 죽으심으로 우리의 죗값을 다 지불하셨습니다. 예수님이 십자가 위에서 "다 이루었다"(요 19:30)라고 선언하신 것은 우리 죄의 값이 이미 다 지불되었음을 선언하신 것입니다. 우리는 죄 사함, 다시 말해 영적 자유를 얻었습니다.

예수 그리스도를 구주와 주님으로 만난 사람들에게 바울은 이렇게 말합니다.

> 그리스도께서 우리를 자유롭게 하려고 자유를 주셨으니 그러므로 굳건하게 서서 다시는 종의 멍에를 메지 말라 갈 5:1

괌에 가면 탈로포포(Talofofo)라는 폭포가 있습니다. 이 폭포에서 5-10분 정도만 더 정글로 들어가면 요코이 동굴(Yokoi's cave)이 있습니다.

1944년 괌에 주둔하고 있던 일본군은 전세가 불리하게 돌아가자 바로 이 정글 지역으로 들어왔고, 요코이라는 병사는 대나무숲에 땅굴을 파서 낮에는 굴에서 지내고 밤이면 굴에서 나와 개구리와 달팽이 등을 잡아먹으며 무려 28년을 살았다고 합니다. 그는 1945년에 전쟁이 끝났다는 사실을 알지 못한 채 비참한 생활을 계속했습니다. 그는 전쟁이 끝났다는 소식을 들어야 했습니다. 믿어야 했습니다. 그래서 자유로운 몸으로 새로운 삶을 살아야 했습니다.

이사야의 예언의 대상이었던 바벨론 포로들은 당시 바사 왕 고레스의 등장과 함께 자유를 되찾게 됩니다. 고레스가 그들의 구원자가 된 셈입니다. 우리는 이사야서 41장부터 그에 대한 예언을 집중적으로 만나게 됩니다. 그러나 이사야의 예언은 궁극적으로 고레스보다 더 위대한 구원자이신 예수 그리스도를 향한 것입니다. 바울의 말을 기억하십시오.

우리는 그리스도 안에서 그의 은혜의 풍성함을 따라 그의 피로 말미암아 속량 곧 죄 사함을 받았느니라 엡 1:7

이제 죄 사함의 확신을 소유한 이들에게 바울은 다시 이렇게 선언합니다.

그런즉 누구든지 그리스도 안에 있으면 새로운 피조물이라 이전 것은 지나갔으니 보라 새 것이 되었도다 고후 5:17

이 확신만이 우리를 여호와의 새 길로 인도합니다.

2. 마음을 가꾸라

이스라엘 백성이 바벨론 포로에서 해방된 것은 자유를 되찾은 위대한 사건이었지만 바벨론에서 약속의 땅 시온으로, 예루살렘으로 돌아가기 위해서는 아직 긴 여정이 남아 있었습니다. 그리고 그 여정에는 산과 언덕과 골짜기, 모래 사막 등의 험지가 기다리고 있었습니다. 당시로서는 아무리 빨리 행진한다 해도 3개월에서 4개월의 시간을 요하는 거리였습니다.

약속의 땅으로 돌아가는 여정에서 우리는 골짜기를 돋우고, 산과 언덕을 낮게 하며, 험지를 평지로 만들어야 합니다.

외치는 자의 소리여 이르되 너희는 광야에서 여호와의 길을 예비하라 사막에서 우리 하나님의 대로를 평탄하게 하라 골짜기마다 돋우어지며 산마다, 언덕마다 낮아지며 고르지 아니한 곳이 평탄하게 되며 험한 곳이 평지가 될 것이요 사 40:3,4

주경학자들은 골짜기를 우리의 음흉한 마음, 산과 언덕을 우리의 교만한 마음, 사막을 우리의 거칠고 메마른 마음, 험지를 우리의 불순한 생각들에 비유합니다. 이런 마음을 말씀 안에서 잘 가꾸어야 한다고 말합니다. 기독교 교리에서는 이런 '마음가꿈'을 '성화'(Sanctification)라고 부릅니다. 즉, 우리가 예수님을 구주로 영접한 후 온전한 우리의 주인으로 모시기까지의 성화 과정에 비유할 수 있다는 말입니다.

요한이 요단 강 부근 각처에 와서 죄 사함을 받게 하는 회개의 세례를 전파하니 선지자 이사야의 책에 쓴 바 광야에서 외치는 자의 소리가 있어 이르되 너희는 주의 길을 준비하라 그의 오실 길을 곧게 하라 눅 3:3,4

주님의 오실 길을 준비하던 침례(세례) 요한은 이사야의 예언을 인용하며 우리 마음에 온전히 주를 모시는 방편이 바로 회개라는 것을 강조했습니다.

작은 책자이지만 우리에게 고전처럼 읽히는 책 중에 로버트 멍어의 《내 마음 그리스도의 집》이 있습니다. 그리스도를 내 마음에 온전하게 모시려면 내 마음의 집 전체를 그분께 온전하게 드려야 한다는 내용의 책입니다.

그분이 내 마음에 들어오시면 우리 집 거실은 그분과 대화하는 장소로 변하고, 서재는 그분의 지혜를 발견하는 책으로 채워질 것입니다. 부엌에서는 그분을 섬길 양식이 준비되고, 놀이방에는 그분과 함께할 놀이의 기쁨이 충만하며, 침실은 그분의 사랑의 향기로 채워질 것입니다. 만일 그 집에 그분에게 보여드리고 싶지 않은 벽장이 있다 해도, 주님은 그 벽장도 열어보라고 하실 것입니다.

"주님, 이곳은 열어드릴 수가 없어요. 쓰레기가 너무 많아요. 그런데 저 혼자서는 다 치울 수가 없어요."

그러면 주님은 "그러면 내가 해볼까? 내게 열쇠를 맡기겠니?"라고 요청하실 것입니다. 그때 부끄럽지만 그분에게 열쇠를 드리는 일, 그분이 내 집의 온전한 주인이 되게 하시는 일, 그것이 바로 성화의 작업입니다. 이 마음 가꿈으로 여호와의 길을 예비하시기 바랍니다.

3. 말씀을 묵상하라

문제는 어떻게, 무엇으로 우리의 마음을 가꿀 수 있는가 하는 것입니다. 이사야는 하나님의 말씀으로 가능하다고 답합니다.

풀은 마르고 꽃은 시드나 우리 하나님의 말씀은 영원히 서리라

사 40:8

예로부터 그리스도인 영성 훈련의 가장 중요한 방편은 '말씀 묵상'이었습니다. 사막의 교부시대부터 이런 훈련을 '렉시오 디비나'(거룩한 독서)라고 불러왔습니다. 물론 이 독서의 핵심은 성경을 읽는 것입니다. 고대로부터 성경 읽기는 단순한 두뇌의 작업이 아니라 전 존재를 동원한 말씀의 '성육화'(incarnation)를 의미했습니다. 눈으로 말씀을 보고, 입으로 말씀을 읽고, 마음에 말씀을 새기고, 몸으로 말씀을 살아가는 것입니다.

렉시오 디비나를 체계화하여 가르친 귀고 2세(Guigo II)는 "묵상 없는 독서는 건조하고, 독서 없는 묵상은 오류에 빠지기 쉽다. 묵상 없는 기도는 능력이 없고, 기도 없는 묵상은 열매가 없다"라는 말을 남겼습니다. 종교개혁자 마르틴 루터는 기도를 통한 독서

(Oratio, 영적 인식)와 묵상(Meditatio, 이성적 인식)의 열매를 '텐타티오'(Tentatio, 삶의 현장에서의 행동)라고 보았습니다.

결국 말씀 묵상의 궁극적인 목적은 '말씀대로 살아가기 위한 것'입니다. 시편 기자는 "청년이 무엇으로 그의 행실을 깨끗하게 하리이까 주의 말씀만 지킬 따름이니이다 … 내가 주께 범죄하지 아니하려 하여 주의 말씀을 내 마음에 두었나이다"(시 119:9,11)라고 고백합니다.

한 신학생이 자기 교수에게 도전한답시고 성경을 움켜쥐고 와서 이렇게 물었습니다.

"교수님, 과연 이 성경을 붙들고만 다닌다고 정말 인생이 변화될 수 있을까요?"

교수님은 대답했습니다.

"아닐세. 자네가 아무리 성경을 그렇게 움켜쥐고 다녀도 변화는 일어날 수 없네. 그러나 그 성경이 자네를 붙들기 시작하면 그때부터 자네는 변할 걸세."

바울 사도는 우리가 영적 전쟁에서 승리하려면 "성령의 검 곧 하나님의 말씀을 가지라"(엡 6:17)라고 말합니다. 우리가 하나님이 역사하시는 통로로 쓰임받기 위해서는 무엇보다 말씀을 묵상하는 것이 중요합니다.

유진 피터슨은 《이 책을 먹으라》라는 책에서 '말씀을 묵상한다'라고 할 때의 '묵상'이라는 단어가 히브리어의 '하가'(hagah), 영어로는 '그롤스'(growls)라고 합니다. 한국어로는 '으르렁거리는 모습'으로 표현됩니다. 굶주린 사자가 먹이를 움키고 으르렁거리며 그 뼈대까지 핥고 있는 모습을 연상해보십시오.

사도 베드로는 "갓난아기들같이 순전하고 신령한 젖을 사모하라"(벧전 2:2)라고 말했습니다. 갓난아기가 시도 때도 없이 엄마의 젖을 찾는 모습을 생각해보십시오. 우리가 그렇게 말씀을 사모하고, 말씀을 먹고, 말씀의 지배를 받는다면, 그 말씀으로 성장하는 성숙한 삶이 되지 않겠습니까? 그렇게 되면 우리 인생의 광야에 하나님의 길이 예비될 것입니다. 하나님의 대로가 펼쳐질 것입니다.

다시 비상하라

이사야서 40장 31절, 41장 10절
—

오직 여호와를 앙망하는 자는 새 힘을 얻으리니 독수리가 날개 치며 올라감 같을 것이요 달음박질하여도 곤비하지 아니하겠고 걸어가도 피곤하지 아니하리로다 … 두려워하지 말라 내가 너와 함께함이라 놀라지 말라 나는 네 하나님이 됨이라 내가 너를 굳세게 하리라 참으로 너를 도와주리라 참으로 나의 의로운 오른손으로 너를 붙들리라

새 힘으로 날아오르라

2015년 12월 26일자 국내 뉴스에 이런 기사 하나가 소개되었습니다.

청양군 청남면에서 천연기념물 243-1호인 독수리가 부상을 입은 채로 발견됐다. 군에 따르면, 지난 24일 발견된 독수리는 약 20킬로그램 무게로 날갯죽지에 상처가 있는 상태였다.

발견자 이 모 씨는 공주시 탄천면 분강리 금강 주변 도로(지방도 651호)에서 청남방면으로 주행 중 도로 한가운데 부상을 입은 독수리가 방치돼 있는 것을 확인하고 즉시 수습해 청남면사무소에 인계했다.

이에 청남면은 충남야생동물구조센터(예산군 소재)로 신고, 재 인계했으며, 치료 후 완치되면 자연 방사할 계획인 것으로 알려졌다.

한편 김종섭 청남면장은 "도로에 방치돼 언제 차에 치여 죽을지 모르는 독수리를 신속하게 수습한 주민에게 감사드리며, 신속히 완치돼 자연의 품으로 되돌아갈 수 있기를 바란다"고 말했다.

이사야서 40장 31절에는 "오직 여호와를 앙망하는 자는 새 힘을 얻으리니 독수리가 날개 치며 올라감 같을 것이요"라고 기록되어 있습니다. 독수리는 좀처럼 피곤을 모르고 푸르른 창공을 비상하는 하늘의 왕자입니다. 그러나 이런 독수리에게도 탈진은 찾아옵니다. 하나님의 백성인 우리도 마찬가지입니다. 이스라엘 백성은 자신들이 하나님께 선택받은 특별한 백성임을 확신하고 있었지만

70여 년 동안 이방인인 바벨론에게 짓밟히고 학대를 당하자 더는 견디지 못하고 탈진해버렸습니다. 그런데 그들에게 복음이 주어졌습니다.

우리를 일으키시는 하나님의 처방전

이사야 선지자는 이사야서 40장과 41장에서 탈진 상태에서 벗어나기 위한 두 가지 복음적 처방을 제시하고 있습니다. 오늘을 살아가는 우리도 이런 탈진에 적합한 처방을 받지 못하면 옛 이스라엘 백성처럼 모든 것을 포기하고 싶은 유혹에 빠지고 맙니다. 그렇다면 우리가 새로 비상하기 위해 붙들어야 할 두 가지 처방은 무엇일까요?

1. 피곤을 극복하는 기다림

이사야서 40장 27-31절에는 '피곤'이라는 단어가 반복됩니다. 그중 28절은 '우리를 창조하신 하나님은 피곤하지도(tired) 곤비하지도(weary) 않으신 분'이라고 말합니다. '피곤'과 '곤비'는 비슷한 의미를 가진 단어로, 유사한 표현을 반복한 강조법이라고 할 수 있습니다. 피곤하지도, 곤비하지도 않으시는 하나님이 피곤과 곤비에 빠진 그분의 백성을 도우시겠다고 합니다. 이 말씀이 본문에 나타나는 복음적 언약의 핵심입니다.

29절에서 하나님은 '피곤한 자에게 능력을 주신다'고 말씀합니다. 30절에서는 '소년이라도 피곤하고 곤비하다'고 말씀하신 후에 '여호와를 앙망하는 자는 곤비하지 아니하고 피곤하지 아니하다'(31절)라고 말씀합니다.

여기에서 언급된 '피곤'과 '곤비'는 한순간에 삶의 에너지가 방전되어버린 상태를 의미합니다. 우리는 급격한 스트레스를 받으면 '만성피로증후군'을 겪기도 합니다. 만성피로증후군 현상은 쉬어도 가시지 않는 피곤함이 계속되는 상태라고 합니다. 이런 고통이 6개월에서 1년 이상 지속되기도 합니다. 이런 현상은 남성보다는 여성이, 나이 든 사람보다는 젊은 사람에게 더 많이 나타난다고 합니다. 이사야의 증언대로입니다.

> 소년(청년이 더 나은 번역)이라도 피곤하고 곤비하며 장정이라도 넘어지며 쓰러지되 사 40:30

혹시 이런 피곤과 곤비를 경험하고 있지는 않습니까? 그래서 대안 없이 시간만 낭비하고 있다는 생각이 들고, 사역마저 포기하고 싶은 마음이 생기지는 않습니까? 과연 우리가 이런 만성피로증후군에서 벗어나는 것이 가능할까요? 이사야는 "그렇다"고 대답합니다. 그리고 그에 대한 처방을 알려줍니다.

그것은 한마디로 '여호와를 앙망함'입니다. '앙망함'은 원문에서 '카바'(qavah)라는 단어로 쓰였는데, 오래된 영어성경(KJV)에서는 이 단어를 'wait'(기다림)이라고 번역하고 있습니다.

너무 피곤하고 힘들 때는 그저 엎드려 하나님의 도우심을 기다릴 수밖에 없습니다. 이 기다림은 삶의 여정에 필요한 희망의 에너지를 충전하기 위해 하나님을 바라보는 웅크림이라고 할 수 있습니다.

최근에 이 땅의 청년들에게 좋은 글로 영향을 끼치고 있는 청년들의 멘토, 김난도 교수가 《웅크린 시간도 내 삶이니까》라는 책을 펴냈습니다. 이 책에서 그는 〈히말라야〉라는 영화가 큰 감동을 주었다고 언급하면서 한 오스트리아 산악인의 명언을 인용합니다.

"히말라야의 모든 날들이 위대한 것은 아니다."

우리는 '히말라야 등정' 하면 산악인들이 산 정상에 태극기를 꽂고 만세를 부르는 순간이나 가파른 등정로를 악전고투하며 오르는 모습, 혹은 외줄에 의지하여 절벽을 타는 순간 등을 연상합니다. 그러나 히말라야 등정에서 빠질 수 없는 일은 기상이나 등정 여건이 나쁠 때 텐트 속에서 컵라면을 끓여 먹으며 상황이 좋아질 때를 무작정 기다리는 시간이라고 합니다. 히말라야 정상을 밟는 꿈을 꾸는 모든 이에게는 이런 웅크림의 시간, 기다림의 시간이 필요합니다. 우리는 이런 시간 역시 위대한 등정의 일부라는 것을 잊지 말아야 합니다.

김난도 교수는 이런 맥락에서 다음과 같은 교훈을 말합니다.

나침반이 없던 시절 뱃사람들은 북극성을 향해 돛을 매달았습니다. 북극성까지 가려고 그렇게 한 것이 아닙니다. 칠흑 같은 어둠 속에서도 북극성만은 흔들리지 않고 그들을 이끌어주었기 때문에 그렇게 한 것입니다. 그러므로 잠시 웅크린 채 표류하고 있을 때에도 우리는 북극성에서 눈을 떼지 말아야 합니다.

하나님의 백성에게 하나님 외에 누가 북극성 역할을 할 수 있겠습니까? 아무리 상황이 열악해도, 지치고 곤하여 웅크리고 있을 때라도 만일 우리가 하나님에게서 시선을 떼지 않고 그분만을 바라고 그분의 도우심을 기도한다면 우리는 절망할 필요가 없습니다. 때가 차면 우리는 다시 일어설 것입니다.

피곤함에 웅크려 있을 때도 그 곤고함을 극복하기 위해 하나님을 바라보면서 기다리는 것, 그것이 바로 해답이요 처방입니다. 피곤하더라도 계속 하나님을 바라보십시오. 곤비하더라도 계속 하나님을 앙망하십시오. 그리고 하나님의 일하심을 기다리십시오. 기대하십시오. 그러면 우리는 곧 다시 젊은 독수리처럼 우리의 날개를 활짝 펴게 될 것입니다. 다시 비상할 것입니다.

2. 두려움을 극복하는 믿음

인생의 여정에서 심한 피곤과 곤비를 느낄 때 기다리면서 새 힘을 축적하고 다시 일어서는 경우도 있지만, 아예 주저앉아 모든 것을 포기하는 경우도 있습니다. 두려움에 정복당하기 때문입니다. 이때 우리에게 가장 필요한 것은 하나님은 우리를 버리지 않으신다는 믿음입니다. 이제 우리는 그분의 도우심을 기다릴 뿐 아니라 그분의 도우심을 적극적으로 믿어야 합니다.

이스라엘 백성이 경험한 70년 동안의 바벨론 포로생활을 회상해보십시오. 처음에 그들은 하나님이 도우시는 때가 곧 도래할 것이라는 믿음으로 기다렸을 것입니다. 그러나 기다림은 서서히 절망으로 변했습니다. 그리고 적지 않은 사람이 포로생활에 익숙해진 나머지 미래에 대한 희망을 포기했습니다. 바로 그때 주어진 약속의 말씀이 있습니다.

> 두려워하지 말라 내가 너와 함께함이라 놀라지 말라 나는 네 하나님이 됨이라 내가 너를 굳세게 하리라 참으로 너를 도와주리라 참으로 나의 의로운 오른손으로 너를 붙들리라 사 41:10

이사야 선지자는 여호와를 앙망하는 것에서 한 걸음 더 나아가 여호와의 도우심을 적극적으로 믿으라고 요청합니다. 이 말씀은 오랜 시간 누적된 피곤함으로 인해 기다림이 절망으로 변하려는 찰나에 주어진 위대한 복음이었습니다. 우리는 이제 하나님의 오른손을 붙잡아야 합니다. 이사야는 41장에서 당시 하나님의 백성을 이렇게 묘사하고 있습니다.

> 버러지 같은 너 야곱아, 너희 이스라엘 사람들아 두려워하지 말라 나 여호와가 말하노니 내가 너를 도울 것이라 네 구속자는 이스라엘의 거룩한 이이니라 사 41:14

이 말씀에서는 이스라엘을 버러지 같다고 합니다. 버러지를 '지렁이'라고 번역한 성경도 있습니다. 간신히 꿈틀대면서 밟힐 수밖에 없는 연약하고 하찮은 존재, 그것이 당시 주의 백성의 삶이었고 운명이었습니다.

15절 말씀은 이와 대조적으로 새로운 희망을 약속합니다.

> 보라 내가 너를 이가 날카로운 새 타작기로 삼으리니 네가 산들을 쳐서 부스러기를 만들 것이며 작은 산들을 겨같이 만들 것이라
>
> 사 41:15

이 구절이 《메시지》 성경에는 "내가 너를 벌레에서 써레(논바닥을 고르고 흙덩이를 부수는 농기구)가 되게, 곤충에서 철이 되게 할 것이다 … 굳은 언덕들을 옥토 밭으로 바꾸어 놓을 것이다"라고 되어 있습니다. 밭에서 밟히며 살던 벌레 같던 우리가 추수마당의 타작 기계로 쓰임 받는 놀라운 변화가 일어난다는 말씀입니다. 그분이 우리를 사용하시면 우리에게 위대한 변화가 일어날 것입니다.

이제 하나님은 이스라엘을 "내가 택한 야곱아 나의 벗 아브라함의 자손아"라고 부르십니다(사 41:8). 그리고 "내가 땅 끝에서부터 너를 붙들며 땅 모퉁이에서부터 너를 부르고 네게 이르기를 너는 나의 종이라 내가 너를 택하고 싫어하여 버리지 아니하였다 하였노라"라고 말씀하십니다(사 41:9). 그리고 다음 말씀이 이어집니다.

> 두려워하지 말라 내가 너와 함께함이라 놀라지 말라 나는 네 하나님

이 됨이라 내가 너를 굳세게 하리라 참으로 너를 도와주리라 참으로 나의 의로운 오른손으로 너를 붙들리라 사 41:10

평생 이 말씀을 좋아하여 붙들고 살았던 분이 고(故) 김영삼 대통령이었습니다. 1983년 민주화를 위해 23일간 목숨을 건 단식투쟁을 하면서도 이 말씀을 묵상하고 붙들었다고 합니다.

그의 고향인 거제 지역에서 집회를 인도했을 때 그의 생가와 기념관을 방문한 적이 있습니다. 그곳에서 그의 용기가 신앙에서 비롯된 것임을 확인할 수 있었습니다.

김영삼 대통령 기록전시관에는 그의 대학 성적표가 붙어 있습니다. 4년 동안 'A'는 두 개밖에 없고 온통 'B', 'C', 'D'로 채워져 있는 그의 성적표는 이 기념관을 방문하는 많은 젊은이에게 큰 희망을 주었을 것입니다.

그는 꿈의 사람이자 믿음의 사람이었습니다. 그의 중학시절 책상머리에는 '미래의 대통령, 김영삼'이란 글귀가 붙어 있었습니다.

그는 정치인으로 살면서 평생 주일 예배를 드렸고, 대통령 재임기간에는 타 종교인들의 비판을 감수하면서도 청와대에서 주일예배를 드렸습니다. 그의 가족들은 김영삼 대통령이 가장 소중히 여긴 이사야서 41장 10절 말씀과 그가 가장 좋아한 찬송가 384장이 그의 평생을 이끌었던 신앙고백이었다고 회고합니다.

나의 갈 길 다 가도록 예수 인도하시니

내 주 안에 있는 긍휼 어찌 의심하리요

믿음으로 사는 자는 하늘 위로 받겠네

무슨 일을 만나든지 만사형통하리라

무슨 일을 만나든지 만사형통하리라

_ 나의 갈 길 다 가도록, 새찬송가 384장

거제의 섬 소년, 평범한 한 소년이 한 시대에 귀한 발자취를 남길 수 있었던 비결은 하나님을 향한 믿음에 있었습니다. 우리도 이 고단한 시대에 하나님의 도구로 쓰임 받을 수 있습니다. 약속의 말씀을 붙들고 일어섭시다. 주님이 우리를 도와주실 것입니다.

하나님의 도우심, 하나님의 은혜가 임하도록 우리에게 내미시는 그분의 손을 붙드시길 바랍니다. 그럴 때 위대한 비상이 시작될 것입니다.

내가 붙드는 나의 종

이사야서 42장 1-4절

—

내가 붙드는 나의 종, 내 마음에 기뻐하는 자 곧 내가 택한 사람을 보라 내가 나의 영을 그에게 주었은즉 그가 이방에 정의를 베풀리라 그는 외치지 아니하며 목소리를 높이지 아니하며 그 소리를 거리에 들리게 하지 아니하며 상한 갈대를 꺾지 아니하며 꺼져가는 등불을 끄지 아니하고 진실로 정의를 시행할 것이며 그는 쇠하지 아니하며 낙담하지 아니하고 세상에 정의를 세우기에 이르리니 섬들이 그 교훈을 앙망하리라

나는 진정한 그리스도인인가

기독교는 역사적으로 세 가지 커다란 지류를 가지고 있습니다. 정교회와 가톨릭, 그리고 개신교가 그것입니다. 그리고 개신교 내에도 이름을 열거할 수 없을 만큼 수많은 교파가 존재합니다. 그들은 각각 상이한 교리적 강조점과 예배 의식의 차이들을 가지고 있습니다.

그럼에도 '그리스도인'이라는 이름을 공유하는 모든 사람들이 시대를 초월하여 공통적으로 갈망하는 것이 하나 있습니다. 여기에는 교파나 시대적 차이가 존재하지 않습니다. 그것은 그리스도인이라는 정체성을 지닌 사람이라면 누구나 예외 없이 소원하는 것으로, 바로 '그리스도를 닮아가는 것'입니다.

토마스 아 켐피스의 책《그리스도를 본받아》가 모든 교파의 그리스도인에게 환영받는 이유도 그 때문인지 모릅니다. 네덜란드의 역사가 호이징가(Huizinga)는 "모든 그리스도인은《그리스도를 본받아》를 읽은 사람과 읽지 않은 사람으로 나뉜다"라는 유명한 말을 남겼습니다.

그러나 더 중요한 분류가 있습니다. 그리스도를 본받고자 정말로 노력하는 사람과 그렇지 못한 사람으로 나누는 것입니다. 바울 사도는 고린도전서에서 이런 두 유형의 그리스도인들을 '신령한 그리스도인'과 '육신에 속한 그리스도인'으로 구별합니다.

진정으로 그리스도를 아는가

아직 중요한 질문이 남아 있습니다. '우리가 본받고자 하는 그리스도는 도대체 어떤 분이신가?' 하는 것입니다. 이에 대해 이사야 선지자는 부분적으로나마 그 대답을 제시해줍니다.

이사야서 42장 1절에서 하나님은 장차 오실 메시아를 "내가 붙드는 나의 종"이라고 말씀하십니다. 이는 하나님이 붙들고 사용하실 그분의 종을 뜻합니다. 한 걸음 더 나아가 하나님은 "내 마음에 기뻐하는 자", "내가 택한 사람"이라고 말씀하십니다.

이 말씀은 일차적으로 당시 바벨론의 포로가 된 이스라엘 백성을 해방시킨 바사의 지도자 고레스를 향한 것이었습니다. 바사 제국의 초대 왕이었던 그는 메대와 바사를 통일하고 바벨론을 정복했습니다. 그리고 주전 538년에 고레스 칙령을 발표하여 이스라엘 백성이 조국으로 돌아가게 합니다. 이스라엘 백성에게 고레스는 실로 구제주가 아닐 수 없었습니다. 그는 머지않아 오실 진정한 구세주, 예수의 그림자와 같은 역할을 한 것입니다.

지속되는 말씀에서 이사야 선지자는 메시아의 두드러진 속성 세 가지를 제시합니다. 그분이 어떤 분인지 알아야 그분을 제대로 닮아갈 수 있습니다. 우리가 닮고자 하는 메시아 예수님은 어떤 분입니까? 고레스를 통해 엿보는 오실 메시아, 그분은 어떤 속성의 소유자이십니까?

1. 정의로우신 분

이사야서 40-55장 사이에는 성경학자들이 말하는 '종의 노래' 네 편이 등장합니다. 이사야서 42장 1-4절은 그중 첫 번째 종의 노래입니다. 여기서 선지자는 하나님이 예비하사 우리의 구원자로 보내실 하나님의 종을 소개하며 그분을 찬미합니다.

> 내가 붙드는 나의 종, 내 마음에 기뻐하는 자 곧 내가 택한 사람을 보라 내가 나의 영을 그에게 주었은즉 그가 이방에 정의를 베풀리라
> 사 42:1

이사야는 그분이 진실로 정의를 시행하실 것이라고 노래합니다(3절). 여기서 우리는 그분의 정의로움이 역사 속에서 구체적으로 어떤 역할을 했는지 살펴보고자 합니다.

고레스 왕이 바벨론을 정복하자마자 시행한 정의는 부당하게 포로생활을 하고 있는 이스라엘 백성에게 자유를 주는 것이었습니다. 바로 '자유하게 하는 정의'입니다.

메시아이신 예수님이 이 땅에 오신 후 공생애 사역을 시작하면서 가장 먼저 선포한 메시지가 있습니다.

예수께서 그 자라나신 곳 나사렛에 이르사 안식일에 늘 하시던 대로 회당에 들어가사 성경을 읽으려고 서시매 선지자 이사야의 글을 드리거늘 책을 펴서 이렇게 기록된 데를 찾으시니 곧 주의 성령이 내게 임하셨으니 이는 가난한 자에게 복음을 전하게 하시려고 내게 기름을 부으시고 나를 보내사 포로 된 자에게 자유를, 눈 먼 자에게 다시 보게 함을 전파하며 눌린 자를 자유롭게 하고 주의 은혜의 해를 전파

하게 하려 하심이라 하였더라 눅 4:16-19

그렇다면 오늘을 살아가는 그리스도인들이 그리스도를 닮아가기 위해서 추구해야 할 삶의 방식은 무엇입니까? 가난하고 억눌려 있고 아프고 힘든 이웃들이 강건하고 자유한 삶을 살도록 섬기는 일, 그것이 바로 하나님나라의 정의에 참여하는 일입니다.

예컨대 북녘 땅에서 자유를 빼앗기고 어둠 속에 짓눌려 있는 북한 동포의 인권과 자유를 위해 섬기는 일, 생존을 위해 목숨을 걸고 남으로 건너온 탈북자들의 친구가 되어주는 일, 말과 언어가 다른 이 땅에 와서 고통하는 다문화권 이웃들이 정착하도록 섬기는 일, 사회의 제도적 불평등 때문에 생존조차 힘겨워하는 주변의 이웃을 돌아보고 섬기는 일들이 바로 이 땅에서 하나님나라의 정의를 신장하는 일입니다.

그들의 눈물을 씻겨주고, 그들의 손과 발이 되어줄 때마다 우리는 바로 종의 모습으로 죄인들의 친구가 되어 이 땅에서 짧은 생을 마치신 그리스도 예수님을 닮아갈 것입니다. 예수님은 산상수훈에서 이렇게 말씀하셨습니다.

의에 주리고 목마른 자는 복이 있나니 그들이 배부를 것임이요 마 5:6

하나님의 정의를 실현하는 일에 쓰임 받는 기쁨보다 우리를 더 배부르게 하는 일은 없습니다.

2. 온유하신 분

그는 외치지 아니하며 목소리를 높이지 아니하며 그 소리를 거리에 들리게 하지 아니하며 사 42:2

이 말씀에 묘사된 메시아의 성품은 한마디로 '온유함'이라고 할 수 있습니다. 우리는 흔히 사회 정의를 위해 일하는 사람은 거리를 행진하며 목소리를 드높이는 이들이라고 생각합니다. 그러나 성경의 메시아는 그런 분이 아니십니다. 그분은 목소리를 높이지 않으셨습니다. 정의를 위해 일한다는 명목으로 폭력을 행사하는 것은 또 다른 불의를 낳게 됩니다.

그런 의미에서 성경의 산상수훈을 읽고 예수님에게 감동을 받은 인도의 정치가 마하트마 간디가 철저한 비폭력운동으로 정의를 추구한 것은 바람직한 모본이 아닐 수 없습니다. 실제로 간디의 목소리는 조용했지만 오히려 고함보다 더 큰 감동으로 사람들을 움직였습니다. 그는 이렇게 말했습니다.

"영국인이 우리를 매질하면 그 매를 맞읍시다. 그들이 우리를 감옥에 넣는다면 기쁘게 감옥에 갑시다. 그들을 미워하지 말고 사랑합시다. 우리는 잘못된 제도와 싸우고 있는 것이지 영국인과 싸우는 것이 아닙니다."

사람들은 이런 간디의 정신을 '사티아그라하'(Satyagraha)라고 부릅니다. 이 단어는 '진실(truth)을 지키는 것(holding)'을 뜻하는 말로 '진리를 지키는 힘', '진정한 용기'를 의미합니다. 그것이 바로 성경이 말하는 원수도 사랑하는 '온유의 힘'입니다. 예수님은 자신의 존재를 계시하시며 "나는 마음이 온유하고 겸손하니 나의 멍에를 메고 내게 배우라"(마 11:29)라고 말씀하셨습니다.

> 온유한 자는 복이 있나니 그들이 땅을 기업으로 받을 것임이요
> 마 5:5

또한 여기 사용된 '온유'란 단어의 헬라어 '프라우스'(praus)는 '잘 통제된 힘'을 뜻합니다. 힘을 폭발시키는 것이 아니라 조절한다는 의미입니다. 사나운 바람이 잡히거나 야생마가 말을 듣기 시작할 때 사람들은 '프라우스'라고 말했습니다. 감정을 폭발시키는 것은 쉬운 일입니다. 그 감정을 잘 통제하여 나를 억압하는 사람에게도 절제된 반응을 보일 줄 아는 것이 어려운 일입니다.

돌을 든 사람들이 간음한 여인을 둘러싸고 있을 때, 바리새인들은 고함을 치며 '모세의 율법에서는 이런 여자를 돌로 치는 것이 마땅하다 하였는데 당신은 어떻게 생각하느냐'고 예수님을 추궁했습니다.

그때 예수님은 말없이 몸을 굽혀 땅에 글씨를 쓰시고는 일어나 "너희 중에 죄 없는 자가 먼저 돌로 치라"(요 8:7)라고 조용히 말씀하셨습니다. 이 말씀은 거기 있던 모든 사람의 양심을 찔렀고, 그들은 조용히 자리에서 사라져갔습니다. 이것이 바로 오늘을 사는 우리가 예수님에게서 배워야 할 온유의 능력입니다.

우리가 이런 온유의 사람으로 살고자 할 때 우리의 주인이신 예수님을 닮아가게 될 것입니다.

3. 긍휼하신 분

상한 갈대를 꺾지 아니하며 꺼져가는 등불을 끄지 아니하고 진실로 정의를 시행할 것이며 사 42:3

이런 배려를 한마디로 '긍휼'이라고 말할 수 있습니다. 고레스는 바로 이런 긍휼의 지도자라고 할 만합니다. 바벨론에서의 70년 포로생활로 생명이 다해가는 상한 갈대, 꺼져가는 등불과도 같은 이스라엘에게 자유를 주어 살렸으니 말입니다. 고레스의 정의는 냉혹한 독재적 정의가 아니라 약자를 배려하는 긍휼을 동반한 것이었습니다.

하나님의 아들로 이 땅에 오신 예수님의 공생애 역시 이런 사회적 약자, 특히 병든 자들을 치유하시는 사역으로 시작되었습니다.

이는 선지자 이사야를 통하여 말씀하신 바 보라 내가 택한 종 곧 내 마음에 기뻐하는 바 내가 사랑하는 자로다 … 상한 갈대를 꺾지 아니하며 꺼져가는 심지를 끄지 아니하기를 심판하여 이길 때까지 하리니 또한 이방들이 그의 이름을 바라리라 함을 이루려 하심이니라 마 12:17,18, 20,21

성경은 바로 이런 긍휼 사역 때문에 예수님이 이방의 빛이 되실 것이라고 말합니다. 예수님은 십자가에 달려 돌아가시는 마지막 순간까지 그분을 못 박은 자들을 향해 용서를 선언하시고, 함께 십자가에 달린 강도의 기도를 들으시고, 그를 구원하셨습니다. 이런 예수님의 긍휼의 리더십이 오늘 이 세상에 필요합니다.

이 시대에 공포와 혼란과 무질서가 범람하고 있습니다. 모두 긍휼의 정신을 상실했기 때문입니다. 그래서 예수님도 산상수훈의 팔복에서 "긍휼히 여기는 자는 복이 있나니 그들이 긍휼히 여김을 받을 것임이요"(마 5:7)라고 말씀하십니다.

그리스도를 본받는 삶으로 나아가라

앞에서도 소개한 김난도 교수가 2015년 3월에 열린 서울대학교 입학식에서 축사를 낭독했습니다. 그 축사는 우리 사회에 큰 울림을 주었습니다. 그가 축사의 말미에 남긴 말이 종종 생각납니다.

"당신이 여기 앉아 있기 위해 탈락시킨 누군가를 생각하십시오. 당신은 승리자가 아닙니다. 당신은 채무자입니다. 선함과 책임감을 바탕으로 우리 공동체를 히말라야 산맥처럼 만들고 나서 자신이 한 뼘만 더 성장할 수 있다면, 그때 당신은 바로 세계에서 가장 높은 산이 되어 있을 것입니다. … 선해지십시오. 성장하십시오. 당신이 희망입니다."

김난도 교수의 이 말은 매우 성경적이고 복음적인 선언입니다. 바울이 로마제국의 그리스도인들을 향해 쓴 편지에서 "다 내가 빚진 자라"(롬 1:14)라고 말한 것과 동일한 메시지입니다. 김 교수의 연설문과 바울 사도의 메시지를 이렇게 바꾸어 말할 수 있습니다.

"우리 사회에서 성공한 모든 사람은 실패한 사람들에게 빚진 자들이며, 물질적 풍요를 누리는 모든 사람은 이 땅의 가난한 이웃들에게 빚진 자들이고, 건강한 모든 사람은 아파하는 사람들에게 빚진 자들이며, 소위 잘나가는 대형 교회는 가난한 농촌 교회들에게 빚진 자들입니다."

우리는 잊지 말아야 합니다. 예수님이 우리를 긍휼히 여겨 받아주시고 용서하시고 도우신 것처럼 우리에게도 남은 인생 동안 이웃들에게, 작은 자들에게 긍휼을 베풀며 살아야 할 책임이 있습니다.

우리만이라도 예수님을 닮은 긍휼의 사람이 될 수 있다면, 아니 그런 긍휼의 사람이 되고자 고뇌하고 기도하고 몸부림치는 사람이 될 수 있다면, 아직 희망이 있습니다. 우리 민족과 한국 교회에 아직 소망이 있습니다.

그러나 우리가 작은 성공에 취해 주변의 힘들고 아파하는 이웃들을 망각해버린다면 어디에서 희망을 찾을 수 있을까요? 오늘 예수님이 오셔서 "그대는 진정으로 나를 닮고자 하는가?"라고 물으신다면 무엇이라 대답하시겠습니까? 하나님과 동등하시며 영광과 찬송을 받기에 합당하신 그분은 자신의 영광을 버리고 이 땅에 오셔서 가장 낮은 자로, 작은 자로서 누군가 받아야 할 고통과 죄를 지고 십자가에서 대신 피를 흘리셨습니다. 그분을 따라가는 우리의 삶은 어떻게 달라져야 할까요?

너는 내 것이라

이사야서 43장 1-3절

—

야곱아 너를 창조하신 여호와께서 지금 말씀하시느니라 이스라엘아 너를 지으신 이가 말씀하시느니라 너는 두려워하지 말라 내가 너를 구속하였고 내가 너를 지명하여 불렀나니 너는 내 것이라 네가 물 가운데로 지날 때에 내가 너와 함께할 것이라 강을 건널 때에 물이 너를 침몰하지 못할 것이며 네가 불 가운데로 지날 때에 타지도 아니할 것이요 불꽃이 너를 사르지도 못하리니 대저 나는 여호와 네 하나님이요 이스라엘의 거룩한 이요 네 구원자임이라 내가 애굽을 너의 속량물로, 구스와 스바를 너를 대신하여 주었노라

나의 것, 우리의 것, 하나님의 것

이 시대 우리의 삶에 가장 큰 영향력을 미친 두 가지 경제 시스템은 자본주의와 사회주의라고 할 수 있습니다. 자본주의는 우리에게 '내 것', 즉 개인 소유와 경쟁의 중요성을 가르쳐왔습니다. 반면 지난날의 공산주의와 오늘날 유럽식 사회주의는 '우리의 것', 즉 사회 공동체의 분배적 정의와 평등을 중요하게 가르쳐왔습니다. 이중 어떤 시스템의 영향을 받는지에 따라 사람들은 우파와 좌파로 나뉘어 이데올로기 논쟁을 계속해오고 있습니다.

그렇다면 성경은 어떤 것을 지지할까요? 정직하게 말하자면 성경은 이 두 시스템의 핵심 요소인 자유와 정의의 가치를 함께 강조합니다. 하지만 거기에 매이지 않고 그 이상의 것을 지향합니다. 기독교는 두 시스템이 강조하는 가치들을 포함하면서도 그것들을 넘어서는 '하나님의 나라'를 가르칩니다. '내 것'과 '우리 것'보다 더 중요한 '하나님의 것'을 가르칩니다.

지상의 모든 것은 내 것도 아니고, 우리의 것도 아니며, 다 하나님의 것이라고 가르칩니다. 심지어 '나'라는 존재도 내 것이 아니라 하나님의 것이라고 가르칩니다. 하나님도 그분의 백성에게 "너는 내 것이라"(사 43:1)라고 말씀하십니다. 그런 의미에서 기독교는 자본주의도 사회주의도 아닙니다. 우파도 좌파도 아닙니다.

해외 집회에 갔다가 아름다운 복음성가에 깊이 감동한 적이 있습니다. 아직 한국에 소개되지 않은 찬양이었습니다.

I will come to you in the silence.

I will lift you from all your fear.

You will hear my voice.

I claim you as my choice.

Be still and know I am here.

Do not be afraid, I am with you.

I have called you each by name.

Come and follow me, I will bring you home.

내가 침묵 가운데 네게로 오리라

네 모든 두려움에서 너를 건져내리라

너는 내 목소리를 들으리라

너는 내가 택한 자라고 선포하노라

잠잠히 있어 내가 여기 있음을 알지니라

두려워 말라 내가 너와 함께함이라

내가 너희 각자를 이름으로 불렀나니

나만 따라 오더라

내가 너희를 집으로 데리고 가리라

_ You are mine, 데이비드 하스(David Haas)

바로 본문 속 이사야의 복음적 예언을 찬양한 노래였습니다. 하나님 백성의 삶은 우리가 우리 것이 아니며, 내가 내 것이 아니고,

오직 하나님의 것임을 진실로 인식하고 고백하는 데서 비로소 시작
됩니다.

우리는 하나님의 소유이다

그렇다면 성경이 우리가 하나님의 것이라고 가르치려는 이유가
무엇일까요?

1. 그분에 의해 창조된 존재

야곱아 너를 창조하신 여호와께서 지금 말씀하시느니라 이스라엘아
너를 지으신 이가 말씀하시느니라 너는 두려워하지 말라 내가 너를
구속하였고 내가 너를 지명하여 불렀나니 너는 내 것이라 사 43:1

여기에서 강조되는 두 개의 동사는 '창조하다'와 '지으시다'입니
다. 여호와 하나님은 우리를 창조하시고 지으신 분이라는 뜻입니
다. 7절에서는 단어 하나가 더 추가됩니다. '만들다'입니다.

내 이름으로 불려지는 모든 자 곧 내가 내 영광을 위하여 창조한 자
를 오게 하라 그를 내가 지었고 그를 내가 만들었느니라 사 43:7

이 말씀은 영어성경에서 세 가지 다른 단어, '창조하다'(created)
와 '짓다'(formed), '만들다'(made)로 표현됩니다. 이 세 단어의 히

브리 원어는 발전적인 의미를 함축합니다. 하나님은 우리의 창조를 계획하시고, 구체적인 창조의 과정을 통해 우리를 형성하시고, 창조 사역을 완성심으로 우리를 만드셨다는 뜻입니다.

하나님의 천지 창조는 무(無)에서 유(有)를 만드는 위대한 역사의 시작이었습니다. 그러나 이 창조의 절정은 하나님의 성품을 닮은 인간을 창조하신 것입니다.

성경은 하나님의 형상을 닮은 남자와 여자를 창조하신 순간이 하나님 보시기에 심히 좋았던, 창조주가 기쁨을 누리는 순간이었다고 기록합니다. 하나님의 사랑의 대상인 인간이 탄생하는 위대한 순간이었습니다. 그때부터 인류는 하나님의 사랑을 받는 자녀로 일컬음을 받게 되었습니다.

21세기 포스트모던 시대의 사람들이 특히 사랑하는 아이템 중에는 애플이라는 회사에서 만든 아이폰이 있습니다. 아이폰이 탄생하던 날은 인류 산업사에 잊히지 않을 획기적인 날이었습니다.

한 저널리스트는 지난 2007년 1월 9일을 가리켜 "고(故) 스티브 잡스가 가라사대 '아이폰이 있으라!' 하신 날"(창세기 1장의 "하나님이 이르시대 빛이 있으라!" 하신 것처럼)이었다고 기록했습니다. 이 시대를 사는 많은 사람들은 스티브 잡스가 미국 맥 월드 무대에 아이폰을 들고 등장하여 남긴 감동적인 프리젠테이션을 잊지 못합니다.

"오늘 이 순간을 나는 오랫동안 기다려왔습니다. 1984년, 애플은 매킨토시를 내놓아 컴퓨터를 혁명적으로 바꾸었습니다. 그리고 2001년, 아이팟을 내놓아 음악 산업을 혁신했습니다. 그런데 오늘,

터치로 작동하는 아이팟, 혁명적인 휴대폰, 그리고 혁신적인 인터넷 도구, 이 셋이 각각의 장치가 아니라 하나로 움직이게 되었습니다. 이것이 무엇인지 알고 싶으십니까? 바로 아이폰입니다."

그날 이후 사람들이 저마다 스마트폰을 들고 거리를 돌아다니는 새로운 세상이 되었습니다. 지구촌의 수많은 사람들이 이 기계와 사랑에 빠진 것입니다. 이제는 사람들이 자리를 이동할 때마다 "내 스마트폰!"이라고 소리치게 되었습니다.

그런데 우리의 창조를 아이폰에 비교할 수 있겠습니까? 우리의 동작 하나하나에 주목하시며, 우리가 어디에 가든 스마트폰을 챙기는 것처럼 "내 아들아, 내 딸아!" 하시는 하나님을 묵상해보십시오. 우리는 그분이 창조하신 최초의 혁신적 존재였습니다.

2. 그분에 의해 구속된 존재

하나님이 우리에게 "내가 너를 구속하였고"(1절)라고 말씀하십니다. 우리는 하나님의 것입니다. '구속하다'라는 단어는 영어로 'redeem'입니다. 이 단어의 본래 의미는 '대가를 치르고 내 것으로 다시 회복시킨다'는 것으로, 자신의 것을 잃어버렸다가 다시 찾았을 때 주로 사용되는 단어입니다.

오래전 아프리카 원주민 청년이 여러 날 공을 들여 집 앞 강에서 타고 다닐 카누를 만들었습니다. 손수 만든 배였기에 특별한 애정을 갖고 있었습니다. 그런데 폭우가 몰아치던 어느 밤이 지나고, 다음날 아침 밖에 나가보니 카누가 보이지 않았습니다. 청년은 애

타는 마음으로 강줄기를 따라 내려가 보았지만 찾지 못했습니다.

며칠 후 하류 마을의 어느 집 앞에 묶여 있는 카누를 발견했습니다. 청년은 한눈에 자신이 만든 배임을 알아보았습니다. 집주인에게 사정을 얘기했지만 믿어주지 않았습니다. 청년은 그 배를 포기할 수 없어서 결국 적지 않은 돈을 지불하고 배를 찾아왔습니다. 그 배를 타고 집으로 돌아오면서 청년은 이렇게 속삭였습니다.

"배야, 난 너를 만들었고 잃었다가 비싼 대가를 지불하고 다시 샀어. 그러니 넌 더블(double)로 내 것이야."

이사야서 43장 1-3절의 내용이 바로 이 이야기와 일맥상통합니다. 1절과 3절 말씀을 다시 보십시오.

야곱아 너를 창조하신 여호와께서 지금 말씀하시느니라 이스라엘아 너를 지으신 이가 말씀하시느니라 너는 두려워하지 말라 내가 너를 구속하였고 내가 너를 지명하여 불렀나니 너는 내 것이라 … 대저 나는 여호와 네 하나님이요 이스라엘의 거룩한 이요 네 구원자임이라 내가 애굽을 너의 속량물로, 구스와 스바(에디오피아, 과거 애굽의 일부)를 너를 대신하여 주었노라 사 43:1,3

이 말씀은 과거 애굽의 종이었던 이스라엘 백성을 자유하게 하고 구원하기 위해서 값비싼 대가가 지불되었다는 의미입니다. 모세 당시 이스라엘 백성이 홍해를 건널 때 많은 애굽인이 희생되었습니다. 마찬가지로 우리는 구원을 값없이 받았지만, 우리의 값없는 구원을 위해 예수 그리스도의 십자가의 희생이 필요했습니다.

그렇기 때문에 우리의 구원은 결코 값싼 것이 아닙니다. 하나님의 아들, 예수 그리스도의 피 흘린 희생을 담보로 한 고귀한 구원입니다. 그래서 어떤 신학자는 우리를 구원하신 하나님의 '은혜의 값없음'을 'free grace'로 번역하는 것은 적절하지 않다고 말합니다.

나치와 싸우다 순교한 독일의 신학자 본회퍼는 'free grace'를 잘못 해석하면 'cheap grace'(값싼 은혜)가 된다고 지적하면서 십자가를 통해 주어진 예수의 은혜는 값으로 따질 수 없는 은혜, 곧 'priceless grace'(값을 매길 수 없을 만큼 귀한 은혜) 혹은 'costly grace'(값비싼 은혜)로 이해하는 것이 성경적으로 더 적합하다고 주장했습니다.

우리는 예수의 보혈의 대가로 구속받은 존재입니다. 그래서 그분은 오늘도 우리에게 내 것이라고, 내 소중한 보배라고, 존귀하고 사랑스러운 존재라고 말씀하십니다.

3. 그분에게 지명된 존재

에베소서의 서론에는 이사야서 43장에서 하나님이 선언하신 사랑이 삼위 하나님의 사역으로 소개됩니다. 아버지 하나님, 곧 성부 하나님이 창세 전에 우리를 택하시고 지으셨습니다. 그리고 성자 하나님이신 예수 그리스도께서 우리를 그분의 피로 구속, 즉 속량하셨습니다. 또한 성령으로 인 치셨습니다.

그 안에서 너희도 진리의 말씀 곧 너희의 구원의 복음을 듣고 그 안에서 또한 믿어 약속의 성령으로 인 치심을 받았으니 엡 1:13

'인 치심'(sealing)은 '소유를 보증한다'는 의미입니다. 도장을 찍어 내 것임을 증명한다는 뜻입니다. 그것을 하나님은 이사야 선지자의 입을 대신해 "내가 너를 지명하여 불렀나니 너는 내 것이라"(사 43:1)라고 말씀하십니다. 우리는 하나님의 것이기에 하나님은 우리를 포기하지 않으십니다. 혼자 두지 않으십니다. 우리를 보호하고 사랑하시며 우리가 그분의 운명이라고 말씀하십니다. 그것이 바로 2절의 약속입니다.

네가 물 가운데로 지날 때에 내가 너와 함께할 것이라 강을 건널 때에 물이 너를 침몰하지 못할 것이며 네가 불 가운데로 지날 때에 타지도 아니할 것이요 불꽃이 너를 사르지도 못하리니 사 43:2

하나님이 성령으로 우리를 지명하여 부르셔서 자녀로 삼으셨습니다.

나와 함께하시는 하나님

우리가 자주 부르는 복음성가 중에 〈나를 지으신 주님〉이 있습니다. 원제는 "He knows my name"(내 이름 아시죠)으로, 토미 워커(Tommy Walker)라는 예배 인도자가 만든 곡입니다. 그는 사역하던 교회의 주일 설교 주제에 맞춰 이 곡을 만들었습니다.

그가 이 곡을 만들 때 한 고아 소년이 떠올랐다고 합니다. 1997년, 그가 필리핀으로 선교활동을 갔을 때 방문한 고아원에서 만난 소년이었습니다. 당시 일곱이었던 소년은 그에게 다가와서 이렇게 말했습니다.

"아저씨, 제 이름은 제리예요."

그래서 토미 워커가 "그렇구나. 내 이름은 토미야" 하고 대답했더니, 이 소년이 "아저씨, 그럼 이제 우리 친구죠?" 하고 물었습니다. 그리고 한 시간쯤 후에 이 소년은 다시 토미 워커에게 다가와서 "아저씨, 제 이름이 무엇인지 아세요?" 하고 물었습니다. "그래, 네 이름은 제리, 제리지" 하고 대답했더니, 그 소년이 다시 "그래요. 그럼 이제 우리 친구죠?" 하고 재차 물었습니다. 토미 워커는 소년을 안아주면서 이렇게 대답했습니다.

"맞아. 우린 친구야, 제리."

이 찬송의 가사를 다시 떠올려보십시오.

나를 지으신 주님 내 안에 계셔
처음부터 내 삶은 그의 손에 있었죠
내 이름 아시죠, 내 모든 생각도
내 흐르는 눈물 그가 닦아주셨죠

그는 내 아버지 난 그의 소유

내가 어딜 가든지 날 떠나지 않죠
내 이름 아시죠, 내 모든 생각도
아바라 부를 때 그가 들으시죠
_ 나를 지으신 주님, 토미 워커(Tommy Walker)

하나님은 오늘도 우리에게 말씀하십니다.

"너는 내 것이다. 내가 너를 창조하였다. 너는 내 아들이다. 너는 내 딸이다. 그러니 나는 너를 혼자 버려두지 않을 것이다."

주님의 약속의 말씀을 기억하십시오.

그는 진리의 영이라 세상은 능히 그를 받지 못하나니 이는 그를 보지도 못하고 알지도 못함이라 그러나 너희는 그를 아나니 그는 너희와 함께 거하심이요 또 너희 속에 계시겠음이라 내가 너희를 고아와 같이 버려두지 아니하고 너희에게로 오리라 요 14:17,18

예수님이 이 세상을 떠나시기 직전, 깊은 슬픔 가운데 잠긴 제자들에게 주신 약속입니다. 그 예수님이 나의 구주가 되셨다면, 내 삶의 주인이 되셨다면, 그 하나님이 나의 아버지가 되셨다면, 이제 그분의 음성에 귀를 기울여보십시오. 지금 우리를 '내 것'이라고 말씀하시는 그분을 만나십시오.

"너는 내 아들이야, 내 딸이야. 나는 너를 놓을 수가 없어. 그러니 내 손을 붙잡으렴. 나를 따라오너라. 내가 너를 데리고 내 집에 갈

때까지 나는 너와 함께할 거야."

하나님과 깊이 기도하며 교통하는 시간 가운데, 우리 곁에 다가와 말씀하시는 그분의 음성을 들으시길 바랍니다.

세 가지 새로운 이름

이사야서 44장 1-5절

—

나의 종 야곱, 내가 택한 이스라엘아 이제 들으라 너를 만들고 너를 모태에서부터 지어낸 너를 도와줄 여호와가 이같이 말하노라 나의 종 야곱, 내가 택한 여수룬아 두려워하지 말라 나는 목마른 자에게 물을 주며 마른 땅에 시내가 흐르게 하며 나의 영을 네 자손에게, 나의 복을 네 후손에게 부어주리니 그들이 풀 가운데에서 솟아나기를 시냇가의 버들같이 할 것이라 한 사람은 이르기를 나는 여호와께 속하였다 할 것이며 또 한 사람은 야곱의 이름으로 자기를 부를 것이며 또 다른 사람은 자기가 여호와께 속하였음을 그의 손으로 기록하고 이스라엘의 이름으로 존귀히 여김을 받으리라

변화는 자동적으로 주어지지 않는다

2016년 2월, 아침 뉴스를 시청하던 나는 내 귀를 의심했습니다. 눈앞에 펼쳐지는 뉴스가 사실이라고 믿기지 않았습니다. 세간을 떠들썩하게 한 이 사건은, 목회자이자 자신이 졸업한 신학교의 겸임교수로 일하던 40대의 개신교 목사가 훈육의 이름으로 자기 딸을 때려죽인 후 무려 11개월 동안 집안에 방치한 일입니다.

그날 아침처럼 목사가 된 것이 후회스럽고 부끄러웠던 적이 없습니다. 나는 그가 제발 정상적인 교단이 아닌, 엉터리 안수를 받은 사이비 출신이기를 바랐습니다. 그러나 그는 독일 유학까지 한 박사로서 신약학과 헬라어를 가르치는 정상적인 교단의 목회자였습니다. 마지막 실낱같은 소망마저 절망으로 바뀌었습니다.

그날, 그리고 다음 날이 되도록 이 사건은 뇌리를 떠나지 않고 내 양심을 찔렀습니다. "나는 정말 그 사람과 다른 사람인가?"라는 물음이 계속 맴돌았습니다. 그 목사의 내면에 있던 죄성과 동일한 악의 품성이 내 안에도 자리 잡고 있다는 생각이 들었기 때문입니다.

그리고 불현듯 윤흥길의 〈아홉 켤레의 구두로 남은 사내〉라는 소설이 떠올랐습니다. 이 소설은 우리나라에 한참 산업화와 개발의 바람이 불던 때의 경기도 성남을 배경으로 한 중편소설로, 오랜 역경 끝에 어렵게 집 장만의 꿈을 이룬 주인공 '나'(초등학교 교사 오씨)와 문간방에 세든 '권 씨'의 이야기입니다. 권 씨는 당시 불합리한 도시 빈민정책에 항의하다가 옥살이를 한 대졸자로, 비록 전과자요 셋방살이를 하는 사람이었지만 자신의 구두만은 매일 반짝이도록 닦아 자존심을 유지하고 사는 사람이었습니다.

그런 권 씨가 아이를 낳기 위해 병원에 입원한 아내가 수술보증금이 없어 곤란한 일을 겪자 복면강도가 되어 주인집에 침입합니다. 그러나 그마저 실패한 후 행방불명이 되어 버립니다. 언젠가 권 씨는 술에 취해 주인공 '나'에게 이런 이야기를 합니다.

"성자와 악인은 종이 한 장 차이랍니다. 악인이 욕망을 행동으로 표현하는 대신에 성자는 그것을 꿈으로 대신하는 것에 불과하답니다. … 내 입장을 그럴듯하게 꾸미기 위해서 성현을 깎아내릴 생각은 없습니다. 그렇지만 프로이트한테 커다란 위로를 받고 있는 건 사실입니다. 내가 전과자가 될 줄 미리 알고서 일찌기 그런 위로의 말을 준비해 둔 성 싶거든요."

소설의 이 구절이 떠오른 동시에 딸을 죽이고도 아무 일 없는 듯 성경을 가르치고 설교하던 목사의 위선과 이중성, 그 악함이 과연 내 안에는 없을까 하는 질문이 저를 괴롭혔습니다. 그러면서 예수님을 믿고 내 안에 일어난 인격적 변화는 과연 어느 자리에까지 이르렀는지 궁금해졌습니다. 우리가 예수님을 믿으면 변화된다는 말은 얼마만큼 진실일까요? 이 사건이 보여주는 분명한 사실은, 우리가 권사가 되고, 장로가 되고, 성경공부를 열심히 하고, 심지어 목사가 된다고 해도 자동으로 변화가 보증되지는 않는다는 것입니다.

변화된 이름, 변화된 사람

이사야는 하나님의 백성에게 일어난 의미심장한 변화를 그들에게 붙여진 세 가지 새로운 이름으로 설명합니다. 이 세 이름을 통해 우리가 걸어야 할 변화의 세 단계를 주의 깊게 성찰해보고자 합니다.

1. 첫 이름, 야곱

이사야서 44장 1절은 "나의 종 야곱"이라는 말로 시작됩니다. 2절에도 "나의 종 야곱"이라는 말이 반복됩니다. '야곱'은 문자 그대로 그의 죄인 된 본능과 성품을 가장 자연스럽게 드러내는 이름입니다. 본래 '발꿈치를 붙들다', '불법으로 빼앗다', '탈취하다'라는 단어에서 유래한 '야곱'은 '탐욕의 사람', '강도' 혹은 '도적'이라는 의미를 가지고 있습니다.

이삭과 리브가의 쌍둥이 중 둘째로 태어난 야곱은 태어날 때부터 둘째로 태어나는 것이 싫어 형의 발꿈치를 틀어쥐고 이 세상에 나왔습니다. 팥죽 한 그릇으로 형의 장자권을 탈취했으며, 외삼촌에게 속아 레아를 아내로 맞기는 했지만, 라헬을 얻기 위해 외삼촌 집에서 더 오랜 세월을 꾹 참고 일해 마침내 그녀를 손에 넣었습니다. 그만큼 그는 욕망의 길을 집요하게 달려가는 사람이었습니다. 목적 달성을 위해서는 수단과 방법을 가리지 않는 방식의 인생을 살았습니다. 그는 매우 이기적이고 탐욕적인 사람입니다. 문제는, 그런 인생을 살면서도 자신이 그런 사람임을 인지하지 못했다는 것입니다.

그런데 그에게 결정적인 변화의 밤이 찾아옵니다. 그가 외삼촌 라반의 집에서 다시 고향으로 돌아가고자 얍복 강을 건너던 밤, 나루터에서 하나님의 천사를 대면합니다. 천사는 "네 이름이 무엇이냐"(창 32:27)라고 야곱에게 물었습니다.

　하나님의 천사가 야곱의 천사에게 이름을 몰라서 물었을까요? 야곱은 천사에게 자신의 이름을 말하면서 아마도 처음으로 그 이름처럼 살아온 자신의 삶을 깨우치는 시간을 보냈을 것입니다. "야곱이니이다"라는 그의 대답에 "예, 저는 야곱, 강도요 도적입니다. 저는 자신밖에 모르고 남의 것을 빼앗으며 살아왔습니다. 저는 죄인입니다"라는 고백이 담겨 있지 않았을까요? 야곱의 이 고백은 그의 삶에 진정한 변화를 일으키는 계기가 되었습니다.

　우리는 예수를 믿지 않는 사람들을 전도하면서 "사람은 다 죄인이다"라고 말합니다. 그리고 이성적으로는 이 말에 동의합니다. 하지만 속으로는 '그렇다고 내가 너보다 중한 죄인은 아니지'라고 생각합니다. 마치 우리가 딸을 죽인 목사를 고발하고 정죄하면서 '나는 그 인간보다는 덜한 죄인이다'라고 생각하는 것처럼 말입니다. 그래서 우리 인간은 보혜사 성령의 도움이 없이는 자신의 죄인 됨도 깨닫지 못합니다(요 16:8).

　인간 변화의 첫 단계는 우리가 야곱임을, 하나님 앞에 죄인임을 깨닫는 것입니다. 종교개혁자들의 표현을 빌리면 '전적으로 부패한'(totally depraved) 죄성을 지닌 죄인임을 깨달아야 합니다. 그럴 때 비로소 둘째 이름이 주어집니다.

2. 둘째 이름, 이스라엘

　우리는 창세기에서 야곱이 '이스라엘'이라는 새 이름을 얻는 순간을 기억합니다. 창세기 32장에서 하나님의 천사가 야곱에게 "네 이름이 무엇이냐"고 묻자 야곱이 자신의 이름을 밝혔습니다. 그 다음 순간을 주목해보십시오.

그가 이르되 네 이름을 다시는 야곱이라 부를 것이 아니요 이스라엘이라 부를 것이니 이는 네가 하나님과 및 사람들과 겨루어 이겼음이니라 창 32:28

놀랍게도 야곱이 자신의 이름을 고백하고 자신이 이름처럼 살아온 죄인이었음을 깨닫는 순간, 그에게 새 이름이 주어졌습니다.

그의 새 이름은 바로 '이스라엘'입니다. 이스라엘의 어원에 대해서는 의견이 분분하지만 가장 보편적인 견해는 '엘'을 '하나님'으로, '이스라'는 '통치한다'(to rule) 혹은 '다스린다'(to have authority over)라는 단어에서 유래한 것으로 봅니다. 즉 '하나님이 통치하신다', '하나님이 다스리신다'라는 의미입니다. 지금까지 자기 고집과 욕심, 의지대로만 살아온 야곱이 이제 하나님이 다스리시는 이스라엘의 인생을 살게 되었습니다.

한 사람은 이르기를 나는 여호와께 속하였다 할 것이며 또 한 사람은 야곱의 이름으로 자기를 부를 것이며 또 다른 사람은 자기가 여호와께 속하였음을 그의 손으로 기록하고 이스라엘의 이름으로 존귀히 여김을 받으리라 사 44:5

이스라엘의 어원적 기원인 'sarar'는 아브람의 아내 사래와도 연관이 있습니다. '사래'의 뜻은 '왕비' 혹은 '공주'라는 의미의 프린세스(princess)입니다. 그런데 그 단어를 남성화하면 프린스(prince, 왕자)가 됩니다. 즉 이스라엘은 하나님의 다스림을 받고 사는 하나님의 왕자요 공주인 것입니다. 얼마나 존귀한 이름입니까!

야곱은 이제 비로소 한 개인이 아니라 이스라엘 열두 지파의 조상으로서, 공동체를 이끄는 진정한 리더의 삶을 살게 됩니다.

우리가 예수님을 믿는다고 하면서 아직도 자신의 이기심에만 매여 산다면 욕심의 종이 된 야곱일 뿐입니다. 그러나 우리가 이제 하나님의 통치 아래에서 하나님의 다스림을 받고, 하나님께 속한 자로, 그리스도에게 속한 자로 산다면 성도의 삶을 사는 것입니다.

그 증거가 무엇일까요? 성도가 된 자는 자기의 뜻보다 하나님의 뜻을 생각합니다. 그래서 기도로 하나님의 뜻을 묻습니다. 말씀으로 인도받기를 소원합니다. 그가 바로 이스라엘인 것입니다. 더는 추한 야곱이 아닌 존귀한 이스라엘인 것입니다. 그는 이제 지렁이나 버러지 같은 야곱이 아니라 존귀한 하나님의 자녀, 하나님의 방백, 하나님의 왕자요 공주입니다.

여기까지 오셨습니까? 이제 세 번째 이름이 예비되어 있습니다.

3. 셋째 이름, 여수룬

'여수룬'의 문자적 의미는 '의로운 사람'입니다. 그는 의로우신 하나님을 본받아 의를 사모하고 의롭게 살고자 했습니다. 하나님은 처음 야곱을 선택하셨을 때부터 그가 여수룬이 될 것을 기대하셨습니다.

> 너를 만들고 너를 모태에서부터 지어낸 너를 도와줄 여호와가 이같이 말하노라 나의 종 야곱, 내가 택한 여수룬아 두려워하지 말라
>
> 사 44:2

야곱이 자신만을 위해 사는 사람이라면, 이스라엘은 하나님의 다스림을 받는 사람입니다. 한 걸음 더 나아가 여수룬은 하나님을 닮고 하나님의 축복의 통로로 사는 사람입니다. 그 예언의 약속이 바로 3, 4절의 말씀입니다.

> 나는 목마른 자에게 물을 주며 마른 땅에 시내가 흐르게 하며 나의 영을 네 자손에게, 나의 복을 네 후손에게 부어주리니 그들이 풀 가운데에서 솟아나기를 시냇가의 버들같이 할 것이라 사 44:3,4

이 말씀이 《메시지》 성경에는 이렇게 기록되어 있습니다.

내가 택한 여수룬아, 두려워하지 마라. 내가 메말랐던 땅에 물을 쏟아붓고 바싹 말랐던 땅에 시내가 흐르게 할 것이다. 네 자손에게 나의 영을 부어주며 네 자녀들에게 나의 복을 부어주리라. 그들이 초원의 풀처럼, 시냇가의 버들처럼 쑥쑥 자랄 것이다.

성화의 삶으로 나아가라

최근 한 기독교 언론에 평범하지만 따뜻한 한 청년의 인생 실험 이야기가 소개되었습니다. 자기 딸을 죽여 그 시신을 11개월이나 자신의 집에 은폐하면서도 태연하게 설교하고 신학생을 가르쳤던 목사의 이야기와 대조적입니다.

광운대학교 후문 근처에서 토스트 가게를 하던 그리스도인 청년 이준형 씨의 이야기입니다. 광운대를 수석으로 졸업한 그가 모교 후문에서 토스트 장사를 하게 된 사연은 우리 시대에 시사하는 바가 적지 않습니다. 그의 가게 이름 '광인수 집'은 '광운대 인문대 수석 졸업자의 집'이란 뜻입니다.

그는 원래 대학을 졸업하고 진로 컨설팅 회사에서 일했지만 학생들에게 필요한 것을 안내하기보다 회사가 원하는 매뉴얼대로만 일하는 데 염증을 느꼈습니다. 그는 현장에서 후배들을 만나 그들의 고민을 직접 들어주고 미래를 함께 의논해주고 싶었습니다. 그래서 모교 후문에서 토스트 장사를 시작했습니다.

그는 토스트 장사를 배울 때 20년 동안 토스트를 파신 할머니의 가게를 방문했습니다.

"할머니, 이렇게 싸게 파시면 남는 것이 있나요?"

"배고픈 사람을 배부르게 하는 일이 내가 하는 일이야. 토스트 가격 올리면 배고픈 사람들이 못 사먹지 않겠어?"

그 청년은 할머니의 대답을 듣고 엉엉 울었다고 합니다. 그때 문득 대학생 시절 IVF 수련회에서 룻기 강해를 들으며 "배고픈 사람들에게 빵을 먹이는 것도 복음이다. 복음은 배고픈 사람, 부족한 사람들의 필요를 채워주는 것이다"라는 말씀을 들은 것이 생각나서 과감하게 이 장사를 시작했습니다.

청년은 식빵 두 장과 두툼한 계란이 들어간 토스트를 2,000원에 팔았습니다. 장사를 하면서 아침 식사를 거르던 대학생들과 방과 후에 하교하는 초등학생들, 동네 주민과 친구가 되어 삶을 나누는 신나는 모험을 할 수 있었고, 그 결과로 좋은 사람이 되는 것이 바로 복음을 전하는 일이라는 것을 배웠습니다. 예수님을 흉내 내며 이 땅에서 성화의 삶을 사는 것 자체가 복음전도일 수 있음을 배웠습니다. 그런 삶이 이사야가 증언한 여수룬의 삶, 마른 땅에 샘물이 나게 하는 삶이 아니겠습니까?

하나님께서 당신을 통해
메마른 땅에 샘물 나게 하시기를
가난한 영혼 목마른 영혼,
당신을 통해 주 사랑 알기 원하네
_하나님께서 당신을 통해, 김영범

우리가 찬양하는 대로 살 수 있기를 바랍니다. 여수룬의 삶을 사시겠습니까, 아니면 끝까지 야곱으로 살겠습니까?
이제 선택할 때가 되었습니다.

기억하고
기다리시다

PART 5

우리를 잊으셨습니까?

이사야서 44장 21-23,28절

—

야곱아 이스라엘아 이 일을 기억하라 너는 내 종이니라 내가 너를 지었으니 너는 내 종이니라 이스라엘아 너는 나에게 잊혀지지 아니하리라 내가 네 허물을 빽빽한 구름같이, 네 죄를 안개같이 없이 하였으니 너는 내게로 돌아오라 내가 너를 구속하였음이니라 여호와께서 이 일을 행하셨으니 하늘아 노래할지어다 땅의 깊은 곳들아 높이 부를지어다 산들아 숲과 그 가운데의 모든 나무들아 소리내어 노래할지어다 여호와께서 야곱을 구속하셨으니 이스라엘 중에 자기의 영광을 나타내실 것임이로다 … 고레스에 대하여는 이르기를 내 목자라 그가 나의 모든 기쁨을 성취하리라 하며 예루살렘에 대하여는 이르기를 중건되리라 하며 성전에 대하여는 네 기초가 놓여지리라 하는 자니라

잊혀져가는 역사를 붙들며

얼마 전 〈귀향〉이란 영화가 국민적인 관심 속에 전국의 극장에서 상영되었습니다. 1943년 어느 날, 아직 초경도 치르지 않은 14세 소녀 정민이는 경남 거창 고향집에 들이닥친 일본군에게 강제로 끌려갑니다. 이 영화는 중국 길림성에 위치한 일본군 위안소에서 끔찍한 성 노예의 삶을 살다가 숨진 그녀의 이야기를 바탕으로 한 역사 증언 영화입니다.

이 영화는 영화 속 주인공 정민이뿐 아니라, 15세에서 18세 사이의 수많은 소녀들이 한반도와 중국, 대만과 필리핀 등지에서 강제 징용되어 신체적, 정신적 학대를 받으며 잔인한 인권착취를 경험해야 했던 슬픈 역사를 고발하고 있습니다.

1945년에 이르러 전황이 일본의 패전 쪽으로 기울자 일본군은 비밀 누설을 방지하고 황군의 더러운 죄를 영원히 은폐하기 위해 성노예 피해자들을 학살하기 위한 옥쇄 정책을 지시합니다. 그러면서 모든 범죄 기록과 피해 당사자들을 불태우는 만행까지 저지릅니다.

이 영화는 이렇게 이국땅에서 육체와 정신을 유린당한 원혼들을 달래는 위령제 형식을 빌려 우리 역사 속 슬픈 영혼들의 귀향을 다루고 있습니다.

이 소녀들은 끔찍한 착취를 당하면서 마음속으로 이렇게 울부짖었을 것입니다.

"이 짧은 생애와 억울하고 슬픈 내 삶을 누가 기억해줄 것인가?"

결코 잊지 않으시는 하나님

이사야서에서 이스라엘은 동일한 질문을 던집니다.

"우리는 잊혀졌는가?"

70년간 바벨론 포로로 지내며 하나님께 의문을 던지는 그들에게 하나님은 이렇게 대답하십니다.

이스라엘아 너는 나에게 잊혀지지 아니하리라 사 44:21

긴 고통과 삶의 어두운 터널을 지나며 "하나님, 우리는 하나님께 잊혀진 건가요?"라고 묻는 오늘을 사는 우리에게도 하나님은 여전히 변치 않는 대답을 주십니다.

그분이 우리를 잊지 않으시는 이유, 무엇 때문일까요?

1. 우리가 그분의 지음을 받은 존재들이기에

하나님이 우리를 잊지 않겠다고 다짐하시는 이유가 무엇입니까? 그분이 우리를 지으셨기 때문입니다. 그분은 우리의 창조자, 우리는 그의 피조물입니다. 다른 말로 하면, 우리는 그분의 작품입니다.

야곱아 이스라엘아 이 일을 기억하라 너는 내 종이니라 내가 너를 지었으니 너는 내 종이니라 이스라엘아 너는 나에게 잊혀지지 아니하리라 사 44:21

바울도 에베소서에서 "우리는 그가 만드신 바라"(엡 2:10)라고 말합니다. 우리는 그분의 만드신 바(workmanship), 곧 그분의 작품입니다. 여기서 '작품'이란 말의 원어는 '포이에마'(poiema)라는 단어로, 시를 뜻하는 영어 단어인 'poem'과 'poetry'도 이 단어에서 유래했습니다. 즉, 우리는 그분의 시적이며 예술적인 작품입니다.

사람이 만든 작품 중에서도 뛰어난 작품을 우리는 '걸작품'이라고 부르며 귀히 여깁니다. 우리 한 사람 한 사람은 모두 전능하신 창조주에 의해 만들어진 걸작품입니다. 우리는 그분의 시이며, 노래이며, 그림입니다. 그렇기에 그분은 우리를 아끼고 보호하시며 잊지 않으십니다.

그런데 이사야 선지자를 통해 하나님은 "내가 너를 지었으니 너는 내 종이니라"(21절)라고 말씀하십니다. 하나님은 우리를 갤러리 화실에 걸어 놓을 작품으로만 만드신 것이 아니라, 그분이 부리시고 사용할 종으로 만드셨습니다. 그분의 목적을 이루고 그분의 뜻을 성취할 종으로 지으셨습니다.

예컨대 우리는 그분의 악기처럼 지음을 받은 것입니다. 우리는 그분이 기대하시는 노래를 연주하고, 그분의 아름다움과 위대함을 선포할 목적으로 지어져 지금 여기에 존재합니다. 음악가들이 연주하는 악기 중에 가장 많이 사용되는 악기는 아마도 오케스트라 연주에서 핵심적인 역할을 감당하는 바이올린일 것입니다.

오늘날 연주되는 바이올린 중 가장 비싼 것은 명장 과르네리가 만든 바이올린으로, 역대 최고가인 200만 파운드(한화 약 34억 원)

에 팔렸다고 합니다. 또한 레이디 블런트(Lady Blunt)라고 불리는 스트라디바리우스 바이올린은 우리 가격으로 약 172억 원에 경매되기도 했습니다.

만일 우리가 그 악기의 소유자라면 그것을 잃어버리거나 고장 내는 일을 상상이나 할 수 있을까요? 밤낮으로 그 악기를 주시하고 닦아주면서 연주의 날을 위해 연습하지 않겠습니까?

2. 우리가 그분에 의해 회복될 존재들이기에

이사야서 44장 22절에는 "내가 너를 구속하였음이니라", 23절에는 "여호와께서 야곱을 구속하셨으니"라고 기록되어 있습니다. '구속'이란 단어는 '값비싼 대가를 지불하고 다시 산다'라는 뜻으로, '회복'을 뜻합니다.

우리는 너무 소중하게 지어진 존재여서 잊힐 수 없고 회복되어야 합니다. 그럼에도 우리가 가끔 잊히는 것 같은 일이 일어나기도 합니다. 그것은 나 자신 때문일 수도 있고, 나와는 상관없는 환경적인 요인 때문일 수도 있습니다.

실제로 한국의 바이올리니스트 김민진 씨는 지난 2010년 자신의 스트라디바리우스 바이올린을 도난당했습니다. 영국 유스턴 기차역에서 샌드위치를 사느라 잠시 한눈을 판 사이에 시가 21억 원의 바이올린(임대한 것)을 도난당한 것입니다. 2013년 7월에 비로소 되찾아 다시 경매에 올랐는데, 낙찰가가 무려 24억 원이었다고 뉴스에 보도된 바 있습니다.

홍미롭게도 이 바이올린의 가치를 몰랐던 범인은 불과 100파운드, 그러니까 약 17만 원에 팔려고 시도했다고 합니다. 이 악기를 되찾기 위해 수고한 영국 교통경찰청에 상당한 사례 수고비가 지불되었습니다.

하나님의 형상대로 지음 받은 인간이 하나님을 떠나 죄 속에 거함으로 잊혀진 것 같을 때 하나님의 아들이신 예수님이 십자가에 달려 자신의 거룩한 피를 흘리심으로 우리를 다시 그분의 자녀 삼아주셨습니다.

우리가 하나님께 잊혀진 것 같은 데는 우리 자신의 책임이 큽니다. 성경은 그것이 우리의 죄 때문이라고 말합니다. 그런 우리의 회복을 위해 하나님은 구약에서는 선지자들을, 신약에서 전도자들을 보내 죄에서 떠나 하나님께로 돌아오라고 말씀하셨습니다.

내가 네 허물을 빽빽한 구름같이, 네 죄를 안개같이 없이 하였으니 너는 내게로 돌아오라 내가 너를 구속하였음이니라 사 44:22

하나님이 이미 용서하였으니 돌아오기만 하라고 말씀하십니다. 하나님께로 돌아오면 우리의 죄는 도말되고, 온전한 회복을 경험할 것이라고 약속하십니다. 회복의 새 삶을 살 수 있다고 말씀하십니다. 과거 포로였던 이스라엘의 회복을 위해 하나님은 고레스라는 바사의 지도자를 사용하셨습니다. 이사야는 이에 대해 이렇게 예언했습니다.

고레스에 대하여는 이르기를 내 목자라 그가 나의 모든 기쁨을 성취
하리라 하며 예루살렘에 대하여는 이르기를 중건되리라 하며 성전에
대하여는 네 기초가 놓여지리라 사 44:28

고레스를 통해 이스라엘의 새 역사를 준비하신 하나님이 구주 예
수 그리스도를 통해 우리를 죄에서 구원하시고 새로운 인생을 살도
록 준비하셨습니다. 왜인지 아십니까? 우리는 그분이 지으셨고, 따
라서 그분의 종으로 다시 사용되고 회복되어야 할 존재들이기 때문
입니다.

3. 우리가 그분의 영광을 나타낼 존재들이기에

하나님이 우리를 잊지 않으시는 마지막 이유는 우리를 통해 그분
의 영광을 나타내고자 하심입니다. 잊힌 우리가 회복되는 그날, 우
리는 하늘과 땅이, 산과 숲과 나무들이 함께 우리의 회복을 기뻐하
며 찬양하는 것을 목격하게 될 것입니다. 그날, 이 세상은 그분의 영
광을 찬미하는 연주장이 될 것입니다.

여호와께서 이 일을 행하셨으니 하늘아 노래할지어다 땅의 깊은 곳
들아 높이 부를지어다 산들아 숲과 그 가운데의 모든 나무들아 소리
내어 노래할지어다 여호와께서 야곱을 구속하셨으니 이스라엘 중에
자기의 영광을 나타내실 것임이로다 사 44:23

우리가 살아가는 이 세상에는 우리가 이해하지 못할 수많은 비극과 고통이 우리를 기다리고 있습니다. 그러나 예수님은 이 모든 것의 배후에서 하나님의 영광을 드러낼 섭리를 준비하고 계십니다.

예수님의 제자들이 나면서부터 시각장애인이었던 사람을 보고 예수님에게 그가 그렇게 된 것이 자신의 죄 때문인지 부모의 죄 때문인지 물었습니다. 그때 예수님은 이렇게 답하셨습니다.

이 사람이나 그 부모의 죄로 인한 것이 아니라 그에게서 하나님이 하시는 일을 나타내고자 하심이라 요 9:3

바울 사도는 하나님의 자녀들을 부르신 궁극적인 목적을 "또 미리 정하신 그들을 또한 부르시고 부르신 그들을 또한 의롭다 하시고 의롭다 하신 그들을 또한 영화롭게 하셨느니라"(롬 8:30)라고 선포했습니다. 우리의 마지막 모습은 '영화'(Glorification)입니다. 이 영화로움은 하나님의 영광을 닮은 모습입니다.

여기서 우리가 잊지 말아야 할 것이 있습니다. 우리가 거기까지 가는 길에는 인생의 고난과 고통이 기다리고 있다는 것입니다. 그러나 그 길의 모든 것이 합력하여 결국은 선을 이룰 것입니다(롬 8:28). 인간의 고통과 악까지도 하나님의 선을 드러내는 도구일 뿐입니다. 밤이 있어 아침의 영광이 있고, 질병이 있어 치유의 기쁨을 아는 것처럼, 악이 있기에 선의 궁극적 가치를 알게 될 것입니다.

일제 강점기에 위안부 할머니들이 겪은 고통은 그저 이 땅에 살던 한 무리의 여인들이 겪었던 부끄러운 경험으로 묻히는 줄 알았습니다. 그러나 그들의 고통이 이 땅, 이 민족의 속죄를 위한 희생양으로 드려진 것이었음을 뒤늦게 깨달았습니다. 영화 〈귀향〉을 보면서 이 영화야말로 민족의 속죄와 회개를 위해 예비된 하늘의 선물이라고 느꼈습니다. 우리가 매달려야 할 십자가에 어린양 예수께서 달리신 것처럼, 우리 민족 모두가 당해야 할 치욕의 위안소에서 우리 민족의 어린 소녀들이 대신 고통을 당하였습니다. 이것은 잊을 수도, 잊어서도 안 되는 일이었기에 때가 찼을 때에 하나님은 그의 증인들을 보내서 "내가 잊지 않았다"고 선포하셨습니다.

하늘과 땅도, 산과 숲과 나무들도 그녀들의 희생의 증인이 되었습니다. 영화 〈귀향〉도 분명한 증인입니다. 하나님이 잊지 않으셨다면 우리도 잊지 말아야 합니다. 그것만이 앞으로 우리 민족을 지키고, 우리나라의 내일을 일으키고, 이 땅을 하나님의 땅으로 만드는 길이 될 것입니다.

나에게 주어진 몫이 있다

어느 해인가 삼일절을 앞두고 서울 시청 앞 서울도서관 외벽의 '꿈 새김 판'에 평화의 소녀상 사진과 위안부 피해자 길원옥 할머니가 직접 쓴 문구가 걸렸습니다.

"나를 잊으셨나요?"

나라가 국권을 잃고 방황하던 1919년 3월 1일, 민족과 자신의 자존을 되찾기 위해 우리 조상들이 고난의 십자가를 짊어지고 일어설 때 수많은 그리스도인들이 그 역사의 행렬 맨 앞에 있었던 것처럼, 그리고 우리 할머니들이 민족의 제물로 중국 길림성으로 끌려가면서도 반드시 고향으로 돌아오겠다고 결심했던 것처럼, 오늘 우리도 지금 여기에서 이 나라와 하나님나라를 위해 해야 할 일은 무엇인지 물어야 합니다. 그 분들의 희생이 헛되지 않고, 이 땅이 하나님이 기뻐하시는 땅이 되고, 자유와 생명과 평화가 춤추는 땅이 되기 위해 내 생애 남은 시간을 걸고 해야 할 일이 무엇인지 생각해야 합니다.

오늘의 삶이 무거울지라도 "나는 너를 잊지 않았다"라고 말씀하시는 하나님 앞에서 우리를 향한 그분의 소명을 발견하고, 회복의 거룩한 역사 앞에 내 인생을 드려 하나님의 심부름을 하는 종으로 다시 서야 합니다. 그때 비로소 우리는 잊히지 않는 민족, 하나님 앞에 기억되고 회복되는 민족, 영광의 도구로 쓰임 받게 될 것입니다.

어두운 때에는, 생각하라

이사야서 51장 1-3절

—

의를 따르며 여호와를 찾아 구하는 너희는 내게 들을지어다 너희를 떠낸 반석과 너희를 파낸 우묵한 구덩이를 생각하여보라 너희의 조상 아브라함과 너희를 낳은 사라를 생각하여보라 아브라함이 혼자 있을 때에 내가 그를 부르고 그에게 복을 주어 창성하게 하였느니라 나 여호와가 시온의 모든 황폐한 곳들을 위로하여 그 사막을 에덴 같게, 그 광야를 여호와의 동산 같게 하였나니 그 가운데에 기쁨과 즐거워함과 감사함과 창화하는 소리가 있으리라

세상을 바라보는 눈

눈에 보이는 것보다 더 아름답고 밝게 세상을 바라보며 사는 사람들이 있습니다. 우리는 그런 사람들을 낭만주의자, 이상주의자라고 부릅니다. 또 눈앞에 보이는 세상의 모습만 바라보고 그 세상에 발을 내딛고자 땀 흘리는 사람들을 현실주의자라고 부릅니다. 현실의 높은 벽에 절망하면서 세상이 보여주는 보편적 가치조차 의심하고 부인하며 사는 사람들도 있습니다. 그런 이들을 우리는 회의주의자, 혹은 허무주의자라고 부릅니다. 세상이 내 뜻대로 안 되는 것을 경험하는 일이 많을수록 회의주의자나 허무주의자가 많아집니다.

르네상스 시대와 계몽주의 시대를 지나면서 지구촌에는 한때 수많은 낭만주의자들과 이상주의자들이 일어났습니다. 그들은 인간의 이성과 과학의 발달로 이 땅에 머지않아 유토피아가 도래할 것으로 기대했습니다. 그러나 20세기를 지나면서 두 차례의 세계대전을 겪은 인류는 미래에 대한 꿈과 이상을 포기하게 되었습니다. 그리고 모던 시대를 지나 포스트모던 시대, 곧 21세기에 들어오면서 보편적 삶의 가치를 의심하는 회의주의자나 허무주의자들이 많아졌습니다. 지금 우리가 살고 있는 시대는 바로 그런 시대입니다.

생각해보라

과거 바벨론 땅의 포로로 살던 이스라엘 백성은 해방을 꿈꾸며 새로운 시대를 희망했습니다. 그러나 해방은 지체되었고, 오히려 고향땅 시온이 사막처럼 황폐해졌다는 참담한 소식만이 들려왔습니다. 막상 그들이 이방의 압제에서 해방되고 시온의 옛 땅으로 돌아간다 해도 무너진 예루살렘을 재건하고 성전을 세우는 일은 점점 불가능해 보였습니다.

미래를 꿈꾸던 이상주의자들이 사라지고 바벨론의 현실을 회의적으로 바라보며 좌절하고 허무주의에 빠지는 백성이 늘어갔습니다. 그렇게 해방을 기대하는 하나님의 백성이 적어지고 새 시대의 꿈이 사라져갈 무렵, 이사야 선지자를 통한 하나님의 위로의 메시지가 전달됩니다.

본문에서는 두 번씩이나 "생각하여보라"라는 메시지가 반복됩니다. "너희를 파낸 우묵한 구덩이를 생각하여보라"(1절), "너희의 조상 아브라함과 너희를 낳은 사라를 생각하여보라"(2절)라고 말합니다.

지금 우리나라는 남북대치의 어두운 상황에 놓여 있습니다. 통일한국의 꿈은 멀어지고, 그저 이렇게 분단의 운명을 감수하면서 살다가 하찮은 민족으로 전락하는 것은 아닌가 하는 비관론이 고개를 들고 있습니다. 이사야가 우리의 모습을 본다면 무엇이라고 말할까요? 아마도 우리에게 한 번 더 "생각하여보라"라고 말할 것입니다.

6.25 전쟁이 발발한 지 8년, 전쟁이 끝나고 남북 분단이 고착화된 지 5년여, 전쟁의 결과로 만들어진 폐허의 잿더미를 딛고 북은 북대로 남은 남대로 고단한 생존을 이어갈 때였습니다. 전쟁에 대한

반성은 없고, 여전히 이념논쟁과 당파싸움만 지속하며 새 역사의 꿈도 없이 방황하던 그때, 함석헌 선생이 1958년 8월 〈사상계〉라는 잡지에 민족의 혼을 깨우는 글을 기고했습니다. 그 글의 제목은 "생각하는 백성이라야 산다"였습니다. 그 글은 이렇게 시작됩니다.

나라를 온통 들어 잿더미, 시체더미로 만들었던 6.25 싸움이 일어난 지 여덟 돌이 되도록 우리는 그 뜻을 깨닫지 못하고 있다. 역사의 뜻을 깨달은 국민이라면 이러고 있을 리가 없다. … 역사적 사건이 깨달음으로 되는 순간, 그것은 지혜가 되고 힘이 되는 법이다. … 뜻 있으면 있다. 뜻 없으면 없다. 뜻이 있음이요, 있음은 뜻이다. 하나님은 뜻이다. 모든 것의 밑이 뜻이요, 모든 것의 끝이 뜻이다. 뜻 품으면 사람, 뜻 없으면 사람이 아니다. 뜻 깨달으면 얼(영), 못 깨달으면 흙. 전쟁을 치르고도 뜻을 모르면 개요, 돼지다. 영원히 멍에를 메고 맷돌질하는 당나귀다.

그는 우리 민족에게 생각하는 백성, 존재의 뜻을 깨닫는 민족이 되라고 촉구했습니다. 이사야 선지자는 이스라엘 백성에게 이와 같은 맥락의 메시지를 던지고 있습니다. 새로운 미래를 창조하려면 생각하는 백성이 되어야 하는데, 그중에서도 두 가지를 생각해야 한다고 말합니다. 좌절과 허무의 역사 앞에서 주의 백성이 다시 일어서기 위해서 생각할 두 가지는 무엇입니까?

1. 과거에 받았던 믿음의 축복을 생각해보라

이사야 선지자는 믿음의 조상인 아브라함과 사라를 먼저 생각해 보라고 초대합니다. 이 말은 믿음의 뿌리를 묵상해보라는 뜻입니다. 아브라함과 사라는 이스라엘 민족에게 믿음의 어버이였습니다. 그들의 존재는 반석이고 모태 같은 구덩이였습니다.

의를 따르며 여호와를 찾아 구하는 너희는 내게 들을지어다 너희를 떼낸 반석과 너희를 파낸 우묵한 구덩이를 생각하여보라 사 51:1

여호수아서를 보면 아브라함의 가문은 본래 우상을 숭배하던 집 안이었음을 알 수 있습니다.

여호수아가 모든 백성에게 이르되 이스라엘의 하나님 여호와께서 이 같이 말씀하시기를 옛적에 너희의 조상들 곧 아브라함의 아버지, 나홀의 아버지 데라가 강 저쪽에 거주하여 다른 신들을 섬겼으나 내가 너희의 조상 아브라함을 강 저쪽에서 이끌어 내어 가나안 온 땅에 두루 행하게 하고 그의 씨를 번성하게 하려고 그에게 이삭을 주었으며 수 24:2,3

하나님은 다른 신들, 곧 우상을 숭배하던 아브라함을 부르사 약속의 땅으로 가게 하셨습니다. 그 하나님 때문에 오늘의 우리가 의를 따르고 여호와를 찾아 구하는 백성이 되었습니다.

이사야서 5장 2절을 보면 "너희의 조상 아브라함과 너희를 낳은 사라를 생각하여보라 아브라함이 혼자 있을 때에 내가 그를 부르고 그에게 복을 주어 창성하게 하였느니라"라고 했습니다. 아브라함이 갈대아 우르를 떠날 때 그는 혼자였습니다. 그러나 그가 하나님의 부르심에 믿음으로 순종하여 떠나자 하늘의 별처럼, 바닷가의 모래알처럼 수많은 하나님 백성의 조상이 되었습니다. 이에 대한 증언이 히브리서 11장에 기록되어 있습니다.

이러므로 죽은 자와 같은 한 사람으로 말미암아 하늘의 허다한 별과 또 해변의 무수한 모래와 같이 많은 후손이 생육하였느니라 히 11:12

처음 부르심을 받았을 때 아브라함의 처지는 죽은 자와 같았습니다. 그도 자기 조상과 같이 우상을 섬기며 하루하루 고단한 삶을 이어가던, 희망이 없는 사람이었습니다. 그런데 하나님이 그에게 고향 갈대아 우르, 친척 집을 떠나서 하나님이 예비하신 땅으로 가라고 명령하셨을 때, 그는 믿음으로 이 부르심에 순종했습니다. 그리고 그 결과 위대한 민족의 조상, 믿음의 조상이 되었습니다.

아브라함의 아내 사라가 가임기를 지나 더 이상 자손을 가질 수 없었을 때, 죽은 여인처럼 희망이 없었던 그때 "전능하신 하나님에게 능치 못할 일이 있겠느냐"라는 말씀을 듣고 믿었습니다. 이 순간의 경험을 히브리서 11장은 이렇게 증언합니다.

믿음으로 사라 자신도 나이가 많아 단산하였으나 잉태할 수 있는
힘을 얻었으니 이는 약속하신 이를 미쁘신 줄 알았음이라 히 11:11

전능자이신 하나님과 하나님의 약속을 신실하게 믿는 믿음, 바
로 그 믿음으로 사라는 이삭을 낳았고, 수많은 믿음의 자손의 어머
니가 되었습니다.

우리 역시 이런 조상의 자손들임을 기억해야 합니다. 아브라함이
믿었던 하나님을 믿는다면 바벨론에서 포로로 보내는 밤이 아무리
깊고 어두워도 절망하지 말아야 합니다. 그들의 조상이 지녔던 믿
음과 동일한 믿음으로 오늘의 수치스런 과거를 과거로 만들고 떠
날 수 있어야 합니다. 과거에서 남겨진 믿음의 유산은 바로 오늘의
새로운 에너지가 될 수 있습니다.

우리 민족에게 처음 복음이 전해지던 때를 생각해보십시오. 신기
하게도 우리나라가 국권을 잃어버리고 일제의 식민지 작업이 한창
이던 때, 민족의 목숨이 죽어가던 그때 우리에게 복음이 전해졌습
니다.

한일강제병합이 체결된 해가 1910년입니다. 그런데 같은 해에 또
다른 역사적 사건이 일어났습니다. 1907년 평양대부흥을 체험한
한국 교회가 교인 수가 아직 20만 명을 넘지 않았지만 '100만 영혼
구령 운동'을 선포한 것입니다. 그것이 오늘의 천만 성도를 지닌 한
국 교회의 기초가 되었습니다.

우리는 이 믿음의 유산을 잊지 말아야 합니다. 민족의 생명이 꺼

져가던 그때에 우리에게 주신 믿음의 은혜를 다시 생각해보아야 합니다. 과거를 잊지 않는 민족에게만 미래가 주어지기 때문입니다.

2. 미래에 있을 회복의 축복을 생각해보라

하나님은 이사야 선지자를 통해 말씀하십니다.

나 여호와가 시온의 모든 황폐한 곳들을 위로하여 그 사막을 에덴 같게, 그 광야를 여호와의 동산 같게 하였나니 그 가운데에 기뻐함과 즐거워함과 감사함과 창화하는 소리가 있으리라 사 51:3

이 대목을《메시지》성경으로 보면 다음과 같습니다.

이와 같이, 나 하나님이 시온도 위로해주리라. 그 폐허들을 어루만져 줄 것이다. 죽은 땅을 에덴으로, 황무지를 하나님의 동산으로 변화시킬 것이다. 열매와 웃음 가득한 곳, 감사와 찬양이 가득한 곳으로 바꾸어 놓을 것이다.

이것이 바로 시온에게 주어진 회복의 약속입니다.

그렇다면 우리에게 중요한 것은 이런 미래 지향적인 비전을 바라고 꿈꾸는 것이 아니겠습니까? 시대가 어두울수록, 현실이 암담할수록 비전이 필요합니다. 아직은 바벨론의 포로로 살고 있을지라도 꿈과 비전이 있다면 절망할 필요도, 좌절할 필요도 없습니다.

디즈니랜드와 디즈니월드를 만든 월트 디즈니는 젊은 시절 지저 분한 창고에서 궁핍한 생활을 이어가고 있었습니다. 어느 날, 그는 생쥐 한 마리가 허물어진 벽 틈에서 고개를 삐죽 내미는 모습을 보 았습니다. 생쥐에게 빵 부스러기를 나눠주자 조심조심 그의 곁으로 다가왔습니다. 어두운 창고에 갇혀 사는 생쥐에게 동병상련의 정을 느낀 디즈니는 그 생쥐에게 '몰티마'라는 이름을 지어주고 친구처럼 지냈습니다.

그는 종종 아름다운 세상에서 생쥐와 어린이들이 함께 뒹구는 낙 원을 꿈꾸었습니다. 그리고 더 나아가 몰티마와 천진난만한 어린 이들이 함께 어우러져 살아가는 아름다운 동산을 만화로 그렸습니 다. 나중에 그의 아내는 몰티마라는 이름 대신 '미키'가 어떤지 제안 했습니다.

그렇게 하여 훗날 미키 마우스의 천국 디즈니랜드가 만들어졌습 니다. 사람들이 꺼려하는 생쥐를 어린이들의 친구로 만든 아름다운 상상력, 그 비전이야 말로 유쾌하지 못한 인생이라는 창고에서 불 안한 오늘을 뒤척이며 사는 우리에게 필요한 내일의 비전입니다.

앞서 소개한 함석헌 선생의 글, "생각하는 백성이라야 산다"의 말 미에서 함석헌 선생은 우리 민족의 역사적 숙제를 푸는 열쇠로 세 가지 정신을 강조합니다. 그것은 통일정신과 독립정신, 그리고 신 앙정신입니다.

함석헌 선생은 우리가 통일되지 못하는 원인을 독립정신의 부족 으로 보았습니다. 또 독립정신이 부족한 것은 높은 세계관, 즉 하나님의 뜻을 찾는 신앙이 부족하기 때문이라고 생각했습니다.

그는 그 글의 마지막 부분에서 우리나라는 100가지 가난에 직면해 있지만 그중에서도 가장 심각한 가난은 생각의 가난, 철학의 가난, 종교의 가난이라고 말합니다. 그러면서 이제라도 생각하는 민족, 철학하는 민족, 굳센 믿음을 지닌 민족이 되어야 한다고 독려합니다.

맞습니다. 우리가 이제라도 과거에 하나님이 이 민족에게 베푸셨던 은혜를 깊이 생각하고, 우리 민족의 주인 되신 하나님을 신뢰하며, 그 하나님이 이루실 새 나라를 꿈꿀 수만 있다면, 이 강산을 갈라놓은 DMZ(비무장지대)가 에덴의 동산이 되고 한반도 전체가 여호와의 동산이 되는 새 날을 맞이하게 될 것입니다.

힘든 오늘을 건디고 있다면, 과거 하나님이 베푸신 은혜를 생각해보십시오. 그리고 우리에게 주실 회복의 미래를 꿈꾸십시오. 누군가가 '십자가란, 아픈 과거를 파묻고 새 날을 잉태하는 곳'이라고 말했습니다. 지금 그 새 날을 꿈꾸십시오.

이 사람을 보라

이사야서 53장 4-6절

—

그는 실로 우리의 질고를 지고 우리의 슬픔을 당하였거늘 우리는 생각하기를 그는 징벌을 받아 하나님께 맞으며 고난을 당한다 하였노라 그가 찔림은 우리의 허물 때문이요 그가 상함은 우리의 죄악 때문이라 그가 징계를 받으므로 우리는 평화를 누리고 그가 채찍에 맞으므로 우리는 나음을 받았도다 우리는 다 양 같아서 그릇 행하여 각기 제 길로 갔거늘 여호와께서는 우리 모두의 죄악을 그에게 담당시키셨도다

에케 호모

'에케 호모'(Ecce Homo)라는 말을 들어보셨습니까? 라틴어로 '이 사람을 보라!'라는 뜻입니다. 이 말은 가시관을 쓰고 붉은 자색 옷을 입고 자신에게로 나아오는 나사렛 예수를 바라보며 본디오 빌라도가 한 말입니다.

> 이에 예수께서 가시관을 쓰고 자색 옷을 입고 나오시니 빌라도가 그들에게 말하되 보라 이 사람이로다 하매 요 19:5

바로 이 대목에서 나온 말이 '에케 호모'입니다. 지금도 이스라엘에는 예수님이 십자가를 지고 마지막 걸음을 걸으셨던 '십자가의 길'(비아 돌로로사, 슬픔의 길) 입구에서 '에케 호모 아치'를 만나볼 수 있습니다. 억울하게 고난을 받으면서도 한마디 불평 없이 침묵하며 비아 돌로로사의 길을 가시는 예수님의 정체가 빌라도는 궁금했습니다. 그래서 그는 말합니다.

"이 사람을 보라."

기적을 행하시고 놀라운 교훈을 가르치시던 예수님이 사형선고를 받고 십자가를 지신 채 힘겹게 걸어가는 모습을 본 군중도 외칩니다.

"이 사람을 보라!"

이사야서에는 여호와의 종, 그리스도에 대한 아름다운 노래가 네 곡 기록되어 있습니다. 그 노래는 42장 1-9절, 49장 1-7절, 50장

4-11절, 52장 13절-53장 12절에 기록되어 있습니다.

그중 첫 번째 노래는 "보라"라는 단어로 시작합니다. 여호와의 종이신 그리스도의 속죄적 생애와 사역을 찬미하는 네 번째 노래의 시작도 바로 '에케 호모'라는 말입니다.

보라 내 종이 형통하리니 받들어 높이 들려서 지극히 존귀하게 되리라 전에는 그의 모양이 타인보다 상하였고 그의 모습이 사람들보다 상하였으므로 많은 사람이 그에 대하여 놀랐거니와 사 52:13,14

이 노래는 하나님의 종이 되시는 그리스도가 마침내 얼마나 존귀한 생애로 모든 열방 중에 높임을 받을 것인지를 노래하고 나서, 그에 이르기까지 그의 생애가 수난의 과정을 거친다고 노래합니다.

예수 그리스도를 보라

이사야서의 절정인 53장에서 선지자는 우리에게 "이 놀라운 분의 생애를 보라"라고 외칩니다. 우리가 주목하고 바라볼 그분의 모습은 어떤 모습입니까?

1. 멸시 받으시는 그리스도

그는 멸시를 받아 사람들에게 버림 받았으며 간고를 많이 겪었으며 질고를 아는 자라 마치 사람들이 그에게서 얼굴을 가리는 것같이 멸

시를 당하였고 우리도 그를 귀히 여기지 아니하였도다 사 53:3

여기서 반복되는 단어는 '멸시'입니다. 예수님은 이 땅에 메시아로 오셨으나 귀히 여김을 받으시기는커녕 오히려 멸시를 받으십니다. 유대 문화권에서는 차마 보지 말아야 할 것을 보았을 때 얼굴을 가리는 관습이 있습니다. 선지자는 그분이 사람들에게 얼굴을 가려야 하는 존재처럼 멸시를 당했다고 합니다.

이 구절에서 대조적인 두 단어는 '멸시'와 '귀히 여김'입니다. 이 말씀은 귀히 여김 받아 마땅한 분이 오히려 이 땅에서 멸시와 조롱의 대상이 되셨다는 역설적 증언입니다.

동방의 박사들은 예루살렘에 도착하여 "유대인의 왕으로 나신 이가 어디 계시냐"(마 2:2)라고 물었습니다. 그러나 예수님은 베들레헴의 말구유를 빌려 초라하게 태어나셨습니다.

성화를 그리는 화가들은 예수 그리스도를 매력적으로 그리려고 애썼습니다. 그러나 예수님의 인상은 너무나 평범해서 누구에게도 매력적이지 못한 외모를 가지셨던 것으로 보입니다.

그는 주 앞에서 자라나기를 연한 순 같고 마른 땅에서 나온 뿌리 같아서 고운 모양도 없고 풍채도 없은즉 우리가 보기에 흠모할 만한 아름다운 것이 없도다 사 53:2

그래서인지 외모만을 중시하는 우리 인간은 아직도 예수님을 알아보지 못하고 멸시합니다. 그것도 부족해서 예수님이 마지막 고난을 받으시던 날 밤, 빌라도 총독의 군병들은 예수의 한 벌 옷을 벗기고 광대처럼 보이는 홍포를 입힌 다음 가시관을 머리에 씌우며 "유대인의 왕이여 평안할지어다"(막 15:18)라고 조롱했습니다. 그리고 그를 못 박아 세운 십자가 위에 조롱의 표시로 '유대인의 왕, 예수'라는 죄패를 붙여 놓았습니다. 예수를 구세주가 아닌 세속적 권력자로만 기대했던 사람들은 배신당한 기대를 조롱과 욕설, 멸시하는 것으로 대신했습니다. 멸시 받으시는 그리스도를 보십시오.

2. 고난 받으시는 그리스도

메시아의 고난은 우리의 질고와 슬픔을 대신한 고난이었습니다.

> 그는 실로 우리의 질고를 지고 우리의 슬픔을 당하였거늘 우리는 생각하기를 그는 징벌을 받아 하나님께 맞으며 고난을 당한다 하였노라 사 53:4

이런 고난을 신학에서는 '대속적 고난'이라고 부릅니다. 이사야 선지자는 이런 고난의 절정을 이렇게 예언합니다.

> 그가 찔림은 우리의 허물 때문이요 그가 상함은 우리의 죄악 때문이라 그가 징계를 받으므로 우리는 평화를 누리고 그가 채찍에 맞으므로 우리는 나음을 받았도다 사 53:5

이 예언보다 더 십자가를 정확하게 묘사하는 말씀이 없습니다. 십자가에서 예수께서 받으신 고난의 본질은 찔림과 상함, 그리고 채찍입니다. 그리스도는 왜 채찍에 맞으시고 창에 찔리시고 피 흘려 상함을 받으셨습니까? 이사야 선지자는 그것이 우리의 허물, 우리의 죄악 때문이라고 말합니다.

훗날 바울 사도는 "그(예수)는 허물과 죄로 죽었던 너희를 살리셨도다"(엡 2:1)라고 말했습니다. 우리의 생명, 우리의 구원을 위해 예수님이 고난을 받으셨습니다. 그리고 결과적으로 그분의 고난은 우리에게 평화와 치유를 가져다주었습니다.

〈패션 오브 더 크라이스트〉라는 영화의 첫 장면은 바로 이사야서 53장 5절의 말씀으로 시작합니다. 이 영화는 예수께서 받으신, 말로 다할 수 없는, 차마 눈 뜨고 볼 수 없는 고난의 장면들을 계속해서 조명합니다.

이 영화의 시사회가 열렸을 때 누군가가 이 영화를 만든 멜 깁슨 감독에게 물었습니다.

"이렇게 잔인한 장면들만 나열한 것을 어떻게 예술이라고 말할 수 있습니까?"

그때 멜 깁슨은 이렇게 대답했습니다.

"맞습니다. 이 영화는 잔인한 다큐멘터리입니다. 저는 죄의 실존이 바로 잔인함 그 자체라고 생각합니다."

유대인으로 보이는 다른 기자가 이어서 질문했습니다.

"혹시 유대인이 예수를 죽였다는 반유대주의를 선전하기 위해 이 영화를 만든 것은 아닙니까?"

멜 깁슨이 대답했습니다.

"아닙니다. 절대 그런 의도가 없었습니다."

기자는 다시 물었습니다.

"그렇다면 누가 예수를 죽였습니까?"

이 질문에 멜 깁슨이 이렇게 답했다고 합니다.

"정말 제 대답을 기대하십니까? 그렇다면 대답하지요. 제가, 그리고 당신의 죄가 예수를 십자가에 못 박았습니다."

이 대답이야말로 그리스도가 겪으신 고난의 본질입니다. 이 고난을 받으신 그리스도를 보십시오.

3. 존귀하게 되실 그리스도

메시아이신 그분이 이 땅에서 받으신 멸시와 고난에도 불구하고 그분의 생애는 존귀합니다. 이에 대해서는 이미 이사야가 선포한 바 있었습니다.

> 보라 내 종이 형통하리니 받들어 높이 들려서 지극히 존귀하게 되리라
> 사 52:13

이 말씀은 고난의 시간을 지나 그분이 마침내 존귀하게 되셨음을 증언합니다. 이것은 이사야서 53장 후반부에서도 증언되고 있습니다.

그의 영혼을 속건제물로 드리기에 이르면 (그 결과로) 그가 씨를 보게 되며 그의 날은 길 것이요 또 그의 손으로 여호와께서 기뻐하시는 뜻을 성취하리로다 사 53:10

이 말씀은 그리스도를 따르는 수많은 후손이 일어나고 하나님이 기뻐하시는 일이 이루어진다는 뜻입니다. 그리고 그 유명한 53장의 마지막 구절은 "그러므로 내가 그에게 존귀한 자와 함께 몫을 받게 하며"라고 시작합니다. 그분의 생애 마지막은 존귀함이라고 이미 예언되어 있습니다. 이 예언의 성취를 가장 드라마틱하게 증언한 이는 바울 사도였습니다.

사람의 모양으로 나타나사 자기를 낮추시고 죽기까지 복종하셨으니 곧 십자가에 죽으심이라 이러므로 하나님이 그를 지극히 높여 모든 이름 위에 뛰어난 이름을 주사 빌 2:8,9

8절의 "낮추시고"와 9절의 "지극히 높여"가 대조적입니다. 인류의 구원을 위해 십자가에서의 죽음까지 자리를 낮추신 예수를 하나님은 지극히 높이사 모든 이름 위에 뛰어난 이름으로 삼으셨습니다. 이어지는 말씀을 보십시오.

하늘에 있는 자들과 땅에 있는 자들과 땅 아래에 있는 자들로 모든 무릎을 예수의 이름에 꿇게 하시고 모든 입으로 예수 그리스도를 주

라 시인하여 하나님 아버지께 영광을 돌리게 하셨느니라 빌 2:10,11

이 존귀함을 마침내 받으실 예수 그리스도를 보십시오.

"이 사람을 보십시오"(에케 호모)!

멸시와 고난을 받으셨으나 마침내 부활하시고 승천하사 존귀하게 되신 예수를 보십시오.

무엇을 드릴 것인가

서른네 해의 짧은 생애를 살며 믿음의 그림을 그린 도메니코 페티(1589-1623)라는 이탈리아 화가가 있습니다. 그가 남긴 그림 중에 〈에케 호모〉라는 제목의 그림이 있습니다.

이 화가가 세상을 떠난 지 100년 가까운 시간이 지난 1719년 5월 어느 날, 이 그림 앞에 열아홉 살 된 독일 귀족의 아들이 서 있었습니다. 이 그림 아래에는 라틴어로 "나는 너를 위해 고난을 받았건만, 너는 나를 위해 무엇을 주느냐?"라고 쓰여 있었습니다.

그는 이 그림에서 시선을 떼지 못하고 무려 15분이나 서 있었다고 합니다. 일행이 재촉하는 바람에 그 자리를 떠났지만 그 그림 아래 쓰인 말은 그의 양심을 깊이 찔렀습니다. 그는 곧 자신의 모든 세속적 특권을 포기하고 공동체를 만들어 그리스도를 따르며 당시 유럽을 복음으로 변화시키는 경건주의 운동의 지도자가 되었습니다. 그의 이름은 친첸도르프입니다.

그로부터 다시 여러 세대가 지난 1858년, 영국의 시인이요 찬송가 작시자인 프란시스 하버갈이란 여인이 독일 유학 중 친구를 따라 뒤셀도르프에 갔다가 〈에케 호모〉라는 그림을 보았습니다. 하버갈 역시 그 그림과 그림 아래의 문구에 감동을 받았습니다.

그 여인은 그 자리에서 노트를 찢어 그 문구를 받아 적었습니다. 낙서처럼 적어 놓은 그 종이는 금방 잊었고 나중에 무심코 벽난로에 던졌는데 타지 않자 〈에케 호모〉 그림의 구절이었음이 생각나서 부친에게 보여주었습니다. 그 아버지는 이 시가 무척 좋으니 찬송시로 만들어보라고 권유했습니다. 그렇게 해서 탄생한 찬송가가 〈내 너를 위하여〉입니다.

내 너를 위하여 몸 버려 피 흘려
네 죄를 위하여 살 길을 주었다
널 위해 몸을 주건만 너 무엇 주느냐
널 위해 몸을 주건만 너 무엇 주느냐
_ 내 너를 위하여, 새찬송가 311장

우리를 위해 고난 받으신 그리스도, 우리를 위해 부활하신 그리스도, 마침내 영광 중에 다시 오실 그리스도, 존귀하신 그분 앞에서 우리의 삶을 결산할 때가 올 것입니다. 영광의 마지막 날에 우리는 주님을 위해 무엇을 했다고 보고하시겠습니까? 〈에케 호모〉의 그 물음에 대한 우리의 응답은 무엇입니까?

CHAPTER

21

목마른 자들아

이사야서 55장 1-3절

—

오호라 너희 모든 목마른 자들아 물로 나아오라 돈 없는 자도 오라 너희는 와서
사 먹되 돈 없이, 값없이 와서 포도주와 젖을 사라 너희가 어찌하여 양식이 아닌 것
을 위하여 은을 달아 주며 배부르게 하지 못할 것을 위하여 수고하느냐 내게 듣고
들을지어다 그리하면 너희가 좋은 것을 먹을 것이며 너희 자신들이 기름진 것으로
즐거움을 얻으리라 너희는 귀를 기울이고 내게로 나아와 들으라 그리하면 너희의
영혼이 살리라 내가 너희를 위하여 영원한 언약을 맺으리니 곧 다윗에게 허락한 확
실한 은혜이니라

목마른 인생

지금까지 만들어진 수많은 기독교 영화 중 〈벤허〉를 최고의 영화로 꼽는 사람이 많을 것입니다. 그러나 〈벤허〉의 어느 장면이 가장 인상적인지 묻는다면 그 대답은 매우 다양할 것입니다.

그만큼 이 영화에는 인상적인 장면이 많습니다. 어떤 이는 벤허와 메살라의 숨막히는 전차 경기를 떠올릴 것이고, 어떤 이는 벤허가 노예선에 탔을 때 벌어진 스펙터클한 해전 장면을, 또 어떤 이는 노예선이 파선된 후 바다에서 벤허가 사령관을 구출하는 장면을 떠올릴 것입니다. 예수님이 십자가에 달려 돌아가시고 벤허 가족(어머니와 여동생)이 나병에서 치유되는 극적인 장면을 떠올리는 분도 있을 것입니다.

저 역시 이 영화에서 깊은 감명을 받은 장면이 있습니다. 노예가 된 벤허가 타는 목마름으로 나사렛 마을을 지나가고 있을 때 경비병이 벤허에게는 물을 주지 말라면서 사람들에게서 물을 빼앗았습니다. 벤허는 쓰러지면서 "하나님, 도와주세요!"라고 외쳤습니다.

그때 한 그림자가 그의 곁에 다가와 표주박에 담긴 물을 그의 얼굴에 부으며 그의 목을 축여주었습니다. 그분은 바로 나사렛의 젊은 목수, 예수 그리스도였습니다.

우리는 모두 살면서 무언가에 목말라합니다. 인생은 근본적으로 목마른 삶입니다. 지금 이사야 선지자가 선포하는 예언은 일차적 대상으로 바벨론에서 포로로 살고 있는 동족을 향한 것입니다. 그들은 지금 이스라엘의 정치적 회복에 목말라하고 있습니다. 그들과 그들 자손의 미래의 불확실성에 대하여 목말라하고 있습니다.

여호와 하나님과 교통한 이사야 선지자는 마지막 대목을 향해 갈수록 하나님이 주시는 예언의 말씀이 이스라엘뿐만 아니라 열방의 이방인을 향한 하나님의 긍휼과 자비로 인한 것임을 이해하게 됩니다. 그리고 마침내 만민을 향한 하나님의 구원과 은혜의 초대를 전달하게 됩니다.

사람은 누구나 무언가에 목말라하며 살고 있습니다. 이사야서 55장 1절의 초대는 목마른 모든 사람을 향한 것입니다.

> 오호라 너희 모든 목마른 자들아 물로 나아오라 돈 없는 자도 오라 너희는 와서 사 먹되 돈 없이, 값없이 와서 포도주와 젖을 사라
>
> 사 55:1

목마름을 해갈하시는 하나님의 처방전

인생의 목마름을 해갈하는 하나님의 처방은 무엇일까요?

1. 목마름의 본질을 이해해야 한다

우리는 일반적으로 인생의 목마름을 세속적이고 본능적인 것으로 이해합니다. 대표적인 것이 '성'(sex)과 '돈'(money), '권력'(power)에 대한 목마름입니다. 우리는 한평생을 살면서 끊임없이 이런 것들을 추구하고 목말라합니다. 그래서 좀 더 나은 이성을 만나면, 좀 더 많은 돈을 갖게 되면, 좀 더 많은 힘을 얻게 되면 인생의 목마름

이 없어지고 행복해질 것이라고 생각합니다. 그러나 이사야 선지자는 오래전에 이렇게 증언했습니다.

> 너희가 어찌하여 양식이 아닌 것을 위하여 은을 달아 주며 배부르게 하지 못할 것을 위하여 수고하느냐 사 55:2

그렇습니다. 인생의 목마름의 본질은 이런 세속적이고 본능적인 것이 아닙니다. 아무리 훌륭한 이성을 만나고, 많은 돈을 가져도, 더 많은 권력을 누려도 그것으로 우리의 목마름은 끝나지 않습니다.

그렇다면 이 목마름의 본질은 무엇입니까? 그 대답을 가장 잘 보여준 성경 속 실례가 사마리아 여인의 사건입니다. 남편을 다섯 번이나 바꾸었어도 이 여인의 목마름은 해갈되지 않았습니다. 그 여인을 향해 예수님은 이렇게 말씀하셨습니다.

> 내가 주는 물을 마시는 자는 영원히 목마르지 아니하리니 내가 주는 물은 그 속에서 영생하도록 솟아나는 샘물이 되리라 요 4:14

목마름의 본질은 영적이고 내적인 것입니다. 예수님이 주시는 영생의 생수로만 우리의 타는 갈증을 잠재울 수 있습니다. 그리고 그 생수가 내면에서 솟아오를 때만 우리의 영혼이 채워질 수 있습니다.

한 시대의 신데렐라였던 영국의 다이애나 왕세자비도 이런 목마름을 경험했습니다. 그녀는 생전에 머리 손질에만 5,400달러를 썼고, 몸매 관리와 의상 구입에 연간 87만 달러(한화로 7억 5천만 원)를 사용했습니다. 그러나 자살기도를 다섯 번이나 했고, 거식증에 시달렸으며, 이혼 후에는 여러 명의 애인을 두었습니다. 그러나 그녀는 그 무엇으로도 만족하지 못했고, 결국 비극적으로 인생을 마쳤습니다. 목마름의 본질을 이해하지 못했기 때문입니다.

이에 반해 시편 기자는 이 목마름의 본질을 이해하고 있었습니다.

하나님이여 사슴이 시냇물을 찾기에 갈급함같이 내 영혼이 주를 찾기에 갈급하나이다 시 42:1

우리 인생의 목마름의 본질은 성이나 돈, 권력이 아니라 오직 하나님, 하나님의 아들이신 그리스도로만 해결할 수 있습니다.

2. 하나님의 말씀을 경청해야 한다

이사야 선지자는 이런 목마름에 허덕이는 인생들에게 주 앞에 나아와 그분의 말씀을 경청하라고 초대합니다.

내게 듣고 들을지어다 그리하면 너희가 좋은 것을 먹을 것이며 너희 자신들이 기름진 것으로 즐거움을 얻으리라 너희는 귀를 기울이고 내게로 나아와 들으라 그리하면 너희의 영혼이 살리라 사 55:2,3

우리의 목마름을 해갈할 것처럼 떠들어대는 세상의 모든 것은 본질적으로 일시적인 가치를 지향합니다. 잠깐 동안의 쾌락, 잠깐 동안의 기쁨, 단발적인 만족…. 이런 것들이 우리의 삶을 휩쓸고 지나가면 더 큰 허무와 좌절, 실망만 남게 됩니다. 그러나 하나님의 말씀은 언제나 영원한 가치에 눈을 뜨도록, 그 영원한 가치를 바라보고 살도록 우리를 인도합니다.

이사야 선지자도 이렇게 선언했습니다.

풀은 마르고 꽃은 시드나 우리 하나님의 말씀은 영원히 서리라 하라
사 40:8

그래서 과거 하나님의 백성에게 주어진 최고의 의무는 말씀을 경청하는 것이었습니다. 이것을 이스라엘 백성은 '쉐마'(무엇보다 먼저 들어야 할 말씀)로 고백했습니다.

이스라엘아 들으라 우리 하나님 여호와는 오직 유일한 여호와이시니
신 6:4

우리는 이러한 하나님의 말씀을 마음에 새겨야 합니다(신 6:6). 말씀을 떠나서는 행복과 만족을 느낄 수 없습니다. 진정한 행복의 가치는 신약에서도 강조됩니다.

이 예언의 말씀을 읽는 자와 듣는 자와 그 가운데에 기록한 것을 지

키는 자는 복이 있나니 때가 가까움이라 계 1:3

요한계시록의 마지막 장도 이사야서 55장과 동일한 내용을 강조하고 있습니다.

성령과 신부가 말씀하시기를 오라 하시는도다 듣는 자도 오라 할 것이요 목마른 자도 올 것이요 또 원하는 자는 값없이 생명수를 받으라 하시더라 계 22:17

말씀을 듣는 자는 목마르지 않습니다. 이것이 성경의 결론입니다.

3. 영원한 언약을 붙들어야 한다

이사야 선지자는 우리를 영원한 언약의 자리로 초대합니다. 그 언약은 우리를 영원히 목마르지 않게 하신다는 것입니다.

내가 너희를 위하여 영원한 언약을 맺으리니 곧 다윗에게 허락한 확실한 은혜이니라 사 55:3

여기서 말하는 다윗과의 언약은 "내가 네 몸에서 날 네 씨를 네 뒤에 세워 그의 나라를 견고하게 하리라"(삼하 7:12)라는 약속입니다. 또 "네 집과 네 나라가 내 앞에서 영원히 보전되고 네 왕위가 영원히 견고하리라 하셨다 하라"(삼하 7:16)라는 약속입니다.

우리는 "아브라함과 다윗의 자손 예수 그리스도의 계보라"(마 1:1)라는 말씀을 통해서 예수님이 누구신지 알게 되었습니다. 누가는 이 복된 예언의 성취를 이렇게 증언합니다.

보라 네가 잉태하여 아들을 낳으리니 그 이름을 예수라 하라 그가 큰 자가 되고 지극히 높으신 이의 아들이라 일컬어질 것이요 주 하나님께서 그 조상 다윗의 왕위를 그에게 주시리니 눅 1:31,32

바로 왕이신 그리스도가 우리를 영원한 나라의 백성으로 삼으시고 그 백성에게 목마르지 아니할 행복과 은혜를 주신다고 약속하셨습니다. 이사야 선지자는 이것이 '다윗에게 허락한 확실한 은혜'라고 말합니다. 이 은혜 앞에서 어떻게 감사와 찬양을 올려드리지 않을 수 있겠습니까?

우리를 위해 대신 목마르신 예수님

이 장을 시작하면서 영화 〈벤허〉를 소개했습니다. 노예로 끌려가던 길에 예수님을 만났던 그는 영화의 마지막 장면에서 다시 한 번 그분을 만나게 됩니다. 나병 환자들이 있는 골짜기에 자신의 어머니와 누이동생이 있는 것을 알게 된 벤허는 기적을 행하신다는 메시아의 소식을 듣고 그분을 만나러 갑니다.

그런데 그때 예수님은 비아 돌로로사, 십자가의 길을 걷고 계셨습니다. 십자가를 지고 걷다 쓰러지기를 반복하시는 예수님에게 다가가 물을 드리던 벤허는 그분이 바로 오래전 노예인 자신에게 물을 주었던 분임을 알고 놀랍니다. 그리고 얼마 지나지 않아 골고다 언덕에서 그분이 십자가에 못 박힌 채로 "아버지 저들을 사하여주옵소서 자기들이 하는 것을 알지 못함이니이다"(눅 23:34)라고 외치는 음성을 듣게 됩니다.

그 순간 벤허는 오랫동안 마음속에 불타던 복수심이 사라지는 것을 느낍니다. 그의 마음속에 불타던 복수의 목마름이 사라진 것입니다. 예수 그리스도가 그의 목마름을 해갈해주셨습니다.

얼마 전, 사흘간 필리핀 세부에서 선교사 부부 104분을 모시고 치유 세미나를 인도했습니다. 마지막 시간에는 간증 시간을 가졌습니다. 그때 한 선교사님이 이런 간증을 하셨습니다.

"저는 기막힌 사정으로 여러 해 전 아내와 이혼하고 남편과 사별한 여인과 재혼을 하였습니다. 그런데 전부인과 이혼도 하기 전에 재혼을 했다는 소문이 퍼져서 선교사직을 박탈당했습니다. 저는 이렇게 악의적인 소문을 내고 제 인생을 파괴한 세 사람에 대한 미움을 안고 살아왔습니다. 제가 비록 그리스도인이고 선교사이기는 하지만 이 세 사람만은 이 땅에서 용서하지 않을 것이라고 다짐했습니다. … 그런데 이번 치유 세미나 중에 예수님을 새롭게 만나고 그분의 은혜와 사랑을 경험했습니다. 그리고 지금 이 자리에서 공개적으로 고백합니다. 이제 그들을 용서하고 새로운 삶을 시작하겠습니다."

이 선교사님의 마음속에도 벤허의 마음속에 존재했던 것과 동일한 타는 복수의 목마름이 있었습니다. 그러나 십자가의 은혜를 경험한 순간, 미움과 복수가 떠나고 사랑과 용서가 임했습니다. 용서받지 못할 인생들을 용서하시고 받아주신 그리스도, 그분이 바로 목마름의 해답이십니다.

예수께서 십자가에서 마지막에 남기신 말씀 중 하나가 "내가 목마르다"(요 19:28)였습니다. 그분이 십자가에 달리신 이유는 우리의 목마름을 대신하기 위해서였습니다. 그분이 목마르심으로 우리가 목마르지 않는 인생을 살도록 하시기 위해서였습니다.

그분을 만나셨습니까? 그럼에도 아직 목마르십니까? 그렇다면 혹 그분을 온전히 만나지 못한 것은 아닙니까? 그렇다면 오서서 그분의 말씀을 경청하십시오. 그분의 은혜 속으로 들어가십시오. 그분이 우리를 어떻게 사랑하시고 용서하시고 품어주시는지 다시 경험하십시오. 그분과 다시 사랑에 빠져보십시오. 그리고 이렇게 고백해 보십시오.

우물가의 여인처럼 난 구했네, 헛되고 헛된 것들을
그때 주님 하신 말씀 내 샘에 와 생수를 마셔라
오 주님 채우소서 나의 잔을 높이 듭니다
하늘 양식 내게 채워주소서 넘치도록 채워주소서
_ 우물가의 여인처럼, 리차드 블랜차드(Richard Blanchard)

22

우리의 기도를 들으시나요?

이사야서 59장 1-6,16절
—

여호와의 손이 짧아 구원하지 못하심도 아니요 귀가 둔하여 듣지 못하심도 아니라 오직 너희 죄악이 너희와 너희 하나님 사이를 갈라놓았고 너희 죄가 그의 얼굴을 가리어서 너희에게서 듣지 않으시게 함이니라 이는 너희 손이 피에, 너희 손가락이 죄악에 더러워졌으며 너희 입술은 거짓을 말하며 너희 혀는 악독을 냄이라 공의대로 소송하는 자도 없고 진실하게 판결하는 자도 없으며 허망한 것을 의뢰하며 거짓을 말하며 악행을 잉태하여 죄악을 낳으며 독사의 알을 품으며 거미줄을 짜나니 그 알을 먹는 자는 죽을 것이요 그 알이 밟힌즉 터져서 독사가 나올 것이니라 그 짠 것으로는 옷을 이룰 수 없을 것이요 그 행위로는 자기를 가릴 수 없을 것이며 그 행위는 죄악의 행위라 그 손에는 포악한 행동이 있으며 … 사람이 없음을 보시며 중재자가 없음을 이상히 여기셨으므로 자기 팔로 스스로 구원을 베푸시며 자기의 공의를 스스로 의지하사

마음속의 질문

그리스도인이라면 기도의 삶을 사는 것이 당연하다고 믿습니다. 그래서 기도를 가지고 실험하기도 합니다. 적어도 기도하는 흉내라도 내면서 하나님의 도우심을 구합니다. 우리의 가정과 일터, 민족을 위한 기도 제목을 올려드립니다.

그러나 우리의 기도에 아무런 응답의 조짐도 보이지 않으면 이내 마음속에서 이런 질문이 떠오릅니다.

'정말 하나님이 살아 계시다면 왜 우리 기도를 듣지 않으실까?'

'혹시 우리 기도를 듣지 못하시는 것은 아닐까?'

이사야 선지자 당시 이스라엘 백성도 이런 의문을 품고 있었습니다. 그들이 바벨론의 포로가 되어 노예로 산 지 70년이 가까워지고 있었습니다. 분명 그들은 이방 땅에서 가슴 아픈 참회와 회개의 기도를 드렸을 것입니다. 그리운 고국으로 돌아가 민족을 재건하고 새로운 삶을 살아갈 기회를 달라고 기도했을 것입니다.

그러나 계속되는 그들의 기도에도 불구하고 하늘은 침묵을 지켰습니다. 그들은 당연히 '왜 하나님은 우리의 기도를 듣지 않으실까?'라고 묻고 또 물었을 것입니다. 이때 역사의 구세주로 등장한 고레스의 칙령으로 그들은 마침내 해방을 맞게 되었고, 이스라엘 백성의 일부는 옛 땅 시온으로 돌아갔습니다. 그들은 기도를 응답받은 것이라고 확신했을 것입니다.

그러나 고향으로 돌아와서 본 시온은 황폐한 땅으로 버림받은 유형지에 불과했고, 거기서 그들은 포로생활 때보다 더 큰 좌절과 절망을 겪어야 했습니다. 그들은 진정한 회복이 불가능해 보이는 안타까운 상황 앞에서 신속한 회복을 놓고 기도하고 또 기도했을 것입니다. 하지만 상황은 악화일로요, 이스라엘 백성의 기도는 여전히 응답되지 못하는 것처럼 보였습니다. 그들은 심각한 의구심을 품기 시작했습니다.

‘하나님은 과연 우리의 기도를 들으시는 걸까?’

130여 년 전, 이 땅에 그리스도의 복음이 전해진 후 많은 사람이 하나님을 믿고 예배하는 하나님의 백성으로 살게 되었습니다. 일제강점기에 우리의 간절한 기도 제목은 해방이었습니다. 우리는 기도했고, 마침내 해방을 맞이했습니다. 그러나 기쁨도 잠시, 우리는 다시 남북분단의 비극을 경험하면서 같은 민족끼리, 형제와 자매, 가족끼리 이념의 기치 아래 서로에게 총부리를 겨누고 대치하는 세월을 살아야 했습니다.

이후로 이 땅의 수많은 주의 백성은 평화 통일을 위해 기도해왔습니다. 그러나 70년 가까이 계속된 우리의 기도에도 불구하고 한반도의 현실은 평화보다 대치 상태의 숨막히는 분위기가 지속되고 있습니다.

‘도대체 왜 하나님은 우리의 기도를 듣지 않으시는 걸까? 혹시 듣지 못하시는 것은 아닐까?’

하나님은 듣지 못하시는 분이 아닙니다. 그런데 왜 우리의 기도가 아직도 응답되지 않는 걸까요?

기도를 가로막는 것들

우리는 바벨론의 이스라엘 백성을 향한 이사야 선지자의 예언에서 오늘을 살아가는 우리의 질문에 대한 대답을 찾고자 합니다.

1. 우리의 기도를 가로막는 죄

우리의 기도가 응답을 받지 못하는 것은 우리의 죄 때문입니다.

> 여호와의 손이 짧아 구원하지 못하심도 아니요 귀가 둔하여 듣지 못하심도 아니라 오직 너희 죄악이 너희와 너희 하나님 사이를 갈라 놓았고 너희 죄가 그의 얼굴을 가리어서 너희에게서 듣지 않으시게 함이니라 사 59:1,2

이어지는 3절과 4절에서는 구체적인 죄악이 열거되고 있습니다. 3절에서는 그들의 손이 더럽혀졌으며, 그들의 입술이 거짓에 물들었다고 말합니다. 이사야서 57장에 의하면 그들은 손으로 우상에게 기름과 향품으로 예물을 드리면서 여호와 하나님께는 그들의 입술로 주문 같은 기도를 드렸습니다.

4절에서는 그들의 사회와 법정은 공의를 상실했다고 말합니다. 그들 가운데 진실과 정직과 공정함이 사라진 것입니다.

하나님이 이런 자들의 기도를 들으시겠습니까? 하나님은 자신의 얼굴을 가리시고 귀를 막으실 것입니다. 그런 기도를 들을 자는 우상밖에 없습니다.

네 공의를 내가 보이리라 네가 행한 일이 네게 무익하니라 네가 부르짖을 때에 네가 모은 우상들에게 너를 구원하게 하라 그것들은 다 바람에 날려 가겠고 기운에 불려갈 것이로되 나를 의뢰하는 자는 땅을 차지하겠고 나의 거룩한 산을 기업으로 얻으리라 사 57:12,13

주 앞에 나아가 기도하는 자는 먼저 우상을 버리고 죄를 포기해야 합니다. 거룩하신 하나님은 죄가 있는 곳에서 일하실 수 없기 때문입니다. 죄가 옮겨진 후에 하나님이 일하십니다.

오늘 우리가 드리는 많은 기도가 아직도 응답되지 못하고 있는 이유 역시 이와 동일한 것 아닐까요? 우리가 하나님보다 더 의지하고, 하나님보다 더 사랑하는 것, 그 모든 것이 우상입니다. 우리는 그것들을 포기해야 합니다. 하나님만 의지하고 하나님을 무엇보다 사랑해야 합니다. 그때 하늘 문이 열립니다. 주님이 응답하십니다.

그러므로 우리와 하나님 사이를 가로막고 있는 우상들이 무엇인지, 우리가 저지르는 죄들은 무엇인지 점검해보아야 합니다.

2. 행위로 구원받을 것이라는 착각

우리는 기도가 응답되지 않을 때 혹시나 하며 이런저런 종교적 행위에 매달립니다. 행여 그것으로 하나님의 마음을 돌리고 하나님의 환심을 살 수 있지 않을까 하는 기대 때문입니다.

이사야 선지자는 그런 종교적 행위의 대표적인 예로 금식과 안식일 성수를 지적합니다(사 58장). 이스라엘 백성은 이를 놓고 하나님을 원망합니다.

우리가 금식하되 어찌하여 주께서 보지 아니하시오며 우리가 마음을 괴롭게 하되 어찌하여 주께서 알아주지 아니하시나이까 사 58:3

그런데 이어지는 말씀을 보면 그들의 금식이 헛된 것이었음을 알게 됩니다.

너희가 금식하는 날에 오락을 구하며 온갖 일을 시키는도다 보라 너희가 금식하면서 논쟁하며 다투며 악한 주먹으로 치는도다 너희가 오늘 금식하는 것은 너희의 목소리를 상달하게 하려는 것이 아니니라 사 58:3,4

하나님은 그들에게 진정한 금식의 정신을 가르치십니다.

내가 기뻐하는 금식은 흉악의 결박을 풀어주며 멍에의 줄을 끌러주며 압제 당하는 자를 자유하게 하며 모든 멍에를 꺾는 것이 아니겠느냐 또 주린 자에게 네 양식을 나누어주며 유리하는 빈민을 집에 들이며 헐벗은 자를 보면 입히며 또 네 골육을 피하여 스스로 숨지 아니하는 것이 아니겠느냐 사 58:6,7

진정한 금식은 이웃을 보살피고 정의를 행하는 것입니다. 금식하며 온갖 악한 일을 지속하는데 어찌 기도의 응답을 받을 수 있겠습니까. 안식일을 지키는 것도 마찬가지였습니다. 형식적인 금식이 기도생활에 도움이 되지 못하는 것처럼 안식일을 형식적으로 지키는 것 역시 기도 응답에 방해가 될 뿐이었습니다.

> 만일 안식일에 네 발을 금하여 내 성일에 오락을 행하지 아니하고 안식일을 일컬어 즐거운 날이라, 여호와의 성일을 존귀한 날이라 하여 이를 존귀하게 여기고 네 길로 행하지 아니하며 네 오락을 구하지 아니하며 사사로운 말을 하지 아니하면 사 58:13

안식일의 진정한 의미대로 그날에 하나님을 구하고 하나님을 만나야 기도가 응답된다고 말씀하십니다. 외형적인 종교 행위는 기도생활에 도움이 되지 못합니다. 내가 주일성수하니까, 금식하며 기도하니까, 헌금도 하니까 하나님이 내 기도를 들어주실 것이라고 가정하지 마십시오.

> 그 짠 것으로는 옷을 이룰 수 없을 것이요 그 행위로는 자기를 가릴 수 없을 것이며 그 행위는 죄악의 행위라 그 손에는 포악한 행동이 있으며 사 59:6

이사야 선지자는 분명히 선언합니다. 진실한 회개 없는 종교 행위는 우리를 의롭게 하지 못합니다. 마치 아담과 하와가 무화과나무 잎으로 옷을 만들어 입었지만 그것으로 그들의 부끄러움을 가릴 수 없었던 것과 같습니다. 우리의 불완전한 행위(그것이 종교적 행위일지라도)로는 주 앞에 나아갈 수 없습니다.

3. 우리에게 필요한 중재자

결코 온전할 수 없는 우리에게 구원은 불가능해진 것일까요? 아담과 하와가 만든 옷으로는 그들의 부끄러움을 감출 수 없었습니다. 그들에게 남은 희망은 하나님이 직접 만들어주시는 옷을 입는 것뿐이었습니다. 하나님은 아담과 하와에게 가죽옷을 지어 입혀주셨습니다.

"사람이 없음을 보시며 중재자가 없음을 이상히 여기셨으므로 자기 팔로 스스로 구원을 베푸시며 자기의 공의를 스스로 의지하사"(사 59:16)라는 말씀은 그분이 스스로 중재자가 되시고 구원자가 되셨다는 뜻입니다.

우리는 이미 "그 손에는 포악한 행동이 있으며 그 발은 행악하기에 빠르고 무죄한 피를 흘리기에 신속하며 그 생각은 악한 생각이라 황폐와 파멸이 그 길에 있으며"(사 59:6,7)라는 말씀을 묵상했습니다. 사도 바울은 이 말씀을 로마서 3장에서 인용했습니다.

의인은 없나니 하나도 없으며 … 모든 사람이 죄를 범하였으매 하나님의 영광에 이르지 못하더니 롬 3:10,23

우리는 이어지는 바울의 말에 더욱 주목해야 합니다.

이 예수를 하나님이 그의 피로써 믿음으로 말미암는 화목제물로 세우셨으니 이는 하나님께서 길이 참으시는 중에 전에 지은 죄를 간과하심으로 자기의 의로우심을 나타내려 하심이니 롬 3:25

어떤 행위로도 구원받을 수 없는 우리를 위해 예수께서 구원의 중재자, 화목제물이 되셨습니다.

예수 그리스도는 구원의 중재자이실 뿐만 아니라 기도의 중재자이시기도 합니다. 우리가 우리 자신을 구원할 수 없을 때 예수님이 우리의 구원자가 되어주신 것처럼, 우리가 우리 행위로는 하나님 앞에 나아와 기도할 수 없을 때 예수님이 기도의 중재자가 되어주십니다. 이것이 복음입니다.

우리가 예수님을 참으로 우리의 구원자로 믿고 중보자 예수님의 이름으로 하나님께 나아가 기도할 때, 그분은 우리의 기도를 들으시고 우리의 삶에 은혜로운 간섭을 시작하십니다. 우리의 불의함으로 우리는 스스로를 망쳤지만 의로우신 중재자 예수님은 우리 인생을 다시 만들어주십니다. 중재자이신 그분의 미션은 실패작을 그분의 손에서 다시 걸작으로 만드시는 일입니다.

새롭게 하시는 그리스도

여러 해 전 스코틀랜드의 한 해변 근처 카페에서 일어난 일입니다. 해변에서 일하는 어부 몇 사람이 카페에서 자신들의 무용담을 주고받고 있었습니다. 한 어부가 팔을 쭉 뻗으며 자기가 잡은 고기가 팔 길이만큼 컸다고 이야기하는 순간 차를 나르던 여인의 쟁반을 치는 바람에 주전자가 벽으로 날아가 순백의 벽을 엉망으로 만들어버렸습니다.

얼룩진 벽을 살피던 주인은 한숨을 쉬며 아무래도 벽 전체를 다시 칠해야겠다고 말했습니다. 이때 옆자리에 있던 손님이 "제가 그 얼룩 위에 그림을 그려도 될까요?" 하고 물었습니다. 어차피 더 손해 볼 것도 없다고 판단한 주인은 그렇게 해보라고 대답했습니다.

그 손님이 얼룩 주위로 선을 그리고 색을 입히기 시작한 지 얼마 되지 않아 벽에는 화려한 뿔을 가진 수사슴이 등장했습니다. 주인이 놀라서 사례를 하려고 하자 그 손님은 괜찮다고 말하며 찻값을 지불하고 나갔습니다. 잠시 후 다시 돌아온 그는 "그림에 서명하는 것을 잊었네요" 하고는 그림 한쪽에 자기 서명을 남겼습니다. 에드윈 랜시어(Edwin Landseer), 그는 유명한 야생동물 화가였습니다.

이 화가보다 더 위대한 중재자이신 예수님의 손에 들어가기만 한다면, 우리는 절망할 필요가 없습니다. 우리는 다시 만들어질 것입니다. 우리는 다시 그분의 능력을 드러내는 도구가 될 것입니다.

YESTERDAY'S PROPHECY

그날을
고대하다

PART 6

TODAY'S GOSPEL

그분의 영광이 임할 때

이사야서 60장 1-5,22절
—

일어나라 빛을 발하라 이는 네 빛이 이르렀고 여호와의 영광이 네 위에 임하였음이
니라 보라 어둠이 땅을 덮을 것이며 캄캄함이 만민을 가리려니와 오직 여호와께서
네 위에 임하실 것이며 그의 영광이 네 위에 나타나리니 나라들은 네 빛으로, 왕들은
비치는 네 광명으로 나아오리라 네 눈을 들어 사방을 보라 무리가 다 모여 네게로
오느니라 네 아들들은 먼 곳에서 오겠고 네 딸들은 안기어 올 것이라 그때에 네가
보고 기쁜 빛을 내며 네 마음이 놀라고 또 화창하리니 이는 바다의 부가 네게로 돌
아오며 이방 나라들의 재물이 네게로 옴이라 … 그 작은 자가 천 명을 이루겠고 그
약한 자가 강국을 이룰 것이라 때가 되면 나 여호와가 속히 이루리라

하나님을 영광을 갈망하다

성경 역사를 통틀어 주를 경외하던 백성이 가장 진지하게 갈망한 것이 무엇이었는지 아십니까? 그것은 하나님의 영광을 경험하는 것이었습니다. 성경과 기독교 역사에서 있었던 위대한 부흥은 모두 하나님의 영광이 임하던 순간에 일어났습니다.

이스라엘 백성이 시내 산에서 금송아지 우상을 숭배하고 하나님을 반역하자 하나님은 그 백성과 더는 동행하지 않겠다고 선언하십니다. 이때 모세는 슬퍼하며 주 앞에 나아와 이스라엘 백성을 용서해주시길 기도합니다.

모세가 이르되 원하건대 주의 영광을 내게 보이소서 출 33:18

반면에 이스라엘 백성이 가장 두려워한 것은 하나님의 영광이 그들에게서 떠나가는 것이었습니다. 제사장 엘리가 분별력을 상실한 채 죽음을 맞이하고 하나님의 임재를 상징하던 법궤마저 적에게 빼앗기던 순간의 비극을 보십시오.

이르기를 영광이 이스라엘에서 떠났다 하고 아이 이름을 이가봇(영광이 떠났다)이라 하였으니 하나님의 궤가 빼앗겼고 그의 시아버지와 남편이 죽었기 때문이며 또 이르기를 하나님의 궤를 빼앗겼으므로 영광이 이스라엘에서 떠났다 하였더라 삼상 4:21,22

이스라엘 백성이 바벨론에서 포로생활을 하고 있을 때 하나님께서 에스겔 선지자에게 보이신 안타까운 환상은 무엇이었습니까? 하나님의 영광이 성전에서 떠나가는 비극이었습니다. 그러나 에스겔서는 비극으로 끝나지 않습니다.

이스라엘 하나님의 영광이 동쪽에서부터 오는데 하나님의 음성이 많은 물소리 같고 땅은 그 영광으로 말미암아 빛나니 겔 43:2

이사야도 바벨론의 포로가 되고 주의 성전을 상실한 주의 백성에게 하나님의 영광이 돌아온다고 예언합니다.

일어나라 빛을 발하라 이는 네 빛이 이르렀고 여호와의 영광이 네 위에 임하였음이라 사 60:1

후일 이스라엘 백성은 이런 하나님의 영광과 임재를 가리켜 '쉐키나'(Shekinah, 하나님의 임재, 영광의 거함)라고 불렀습니다. 여기서 '너'는 누구를 가리키는 것일까요? 빼앗겼던 예루살렘 성, 시온을 가리킵니다.

너를 괴롭히던 자의 자손이 몸을 굽혀 네게 나아오며 너를 멸시하던 모든 자가 네 발 아래에 엎드려 너를 일컬어 여호와의 성읍이라, 이스라엘의 거룩한 이의 시온이라 하리라 사 60:14

영적으로, 예언적으로 이는 하나님 백성의 새로운 언약의 공동체, 교회를 의미하기도 합니다. 하나님의 영광이 짓밟히고 있는 이때 '너'를 교회로 대입하여 읽으면 어떻게 됩니까? 하나님의 영광이 교회 위에 임한다는 말씀이 됩니다.

이어지는 구절에서도 이가봇이 쉐키나로 바뀔 것을 말씀합니다.

보라 어둠이 땅을 덮을 것이며 캄캄함이 만민을 가리려니와 오직 여호와께서 네 위에 임하실 것이며 그의 영광이 네 위에 나타나리니

사 60:2

영광이 임할 때 일어나는 변화

하나님의 영광이 우리 위에 임하면 도대체 어떤 일이 일어날까요?

1. 세상의 빛으로 변화하다

이사야 선지자는 이제 주의 백성이 빛을 발할 때가 되었다고 말하고 있습니다(1절). 여호와의 영광이 임했기 때문입니다. 이 말씀은 2절에서도 반복됩니다. 그리고 3절에서는 "나라들은 네 빛으로, 왕들은 비치는 네 광명으로 나아오리라"로 확장됩니다.

그런데 죄인 된 우리 인생은 사실 빛이 아닌 어둠 가운데 있었습니다. 빛은 오직 하나님만이 소유한 하나님의 정체성이었습니다. 하나님만이, 그리고 하나님의 아들 그리스도만이 진정한 빛이셨습니다.

예수님도 "나는 세상의 빛이니 나를 따르는 자는 어둠에 다니지 아니하고 생명의 빛을 얻으리라"(요 8:12)라고 말씀하셨습니다. 빛 되신 그리스도를 영접하고 모신 결과로 이제는 우리가 세상의 빛이 될 수 있게 된 것입니다. 예수님도 산상수훈에서 그분을 따르는 제자들에게 "너희는 세상의 빛이라"(마 5:14)라고 말씀하셨습니다.

빛이 어둠에 임하면 제일 먼저 어둠 속에 있던 모든 것을 폭로합니다. 어떤 이들은 빛이 어둠을 폭로할 때, 자괴감을 견디지 못하고 본능적으로 빛을 피하여 도망갑니다. 그렇게 하는 사람은 결코 어둠을 극복할 수 없습니다. 그러나 어떤 이들은 빛이 어둠의 현실을 폭로할 때, 그것을 인정하고 아파하면서도 청소를 시작합니다. 그것이 바로 참된 회개입니다. 하나님의 영광이 임하면 회개가 일어납니다.

교회 역사를 보면 진정한 부흥이 있는 곳에서는 언제나 진지하고 통렬한 회개의 역사가 동반되었음을 알 수 있습니다. 우리는 회개를 통해서만 영광의 빛을 소유하고 진정한 빛의 존재로 거듭날 수 있습니다. 그때에만 비로소 세상의 빛 된 삶을 시작할 수 있습니다.

2. 자녀들이 회복된다

네 눈을 들어 사방을 보라 무리가 다 모여 네게로 오느니라 네 아들들은 먼 곳에서 오겠고 네 딸들은 안기어 올 것이라 사 60:4

우리가 신앙인으로 살면서 느끼는 최악의 절망은 지금 내가 믿는 하나님을 내 자식들은 알지 못하고 믿지 못한다는 것입니다. 우리의 신앙을 계승해야 할 다음세대들이 하나님을 믿지 못하고 하나님에게서 멀어진다는 것입니다.

그런데 하나님의 영광이 임하면 하나님에게서 멀어졌던 자녀들이, 다음세대들이 다시 하나님에게로 달려옵니다. 가정과 학교에 부흥이 일어납니다. 청년이 부흥합니다. 지금 우리가 하나님의 영광을 사모하고 하나님의 영광이 임하기를 기도해야 할 이유가 바로 이것입니다.

많은 찬송가를 작곡한 박재훈 목사님은 한국전쟁 당시 30세의 나이로 해군 정훈음악대 대원으로 복무하셨습니다. 그 시절 박재훈 목사님 앞으로 엽서 한 장이 날아왔습니다. 당시 젊은 시인이요 교사였던 석진영 여사에게서 온 엽서였습니다.

그녀의 글에는 전쟁의 참상 속에서 절망하고 있는 다음세대에게 희망을 주고 싶어 만든 찬송시가 동봉되어 있었습니다. 이 시에 감동을 받은 박재훈 목사님이 곡을 붙여 만든 찬송가가 그 유명한 〈눈을 들어 하늘 보라〉입니다.

눈을 들어 하늘 보라 어지러운 세상 중에
곳곳마다 상한 영의 탄식소리 들려온다
빛을 잃은 많은 사람 길을 잃고 헤매이며
탕자처럼 기진하니 믿는 자여 어이할꼬

눈을 들어 하늘 보라 다시 사신 그리스도
만백성을 사랑하사 오래 참고 기다리네
인애하신 우리 구주 의의 심판 하시는 날
곧 가까이 임하는데 믿는 자여 어이할꼬

_ 눈을 들어 하늘 보라, 새찬송가 515장

처음 가사는 "청년들아 어이할꼬"였다고 합니다. 청년들의 영적 방황은 가장 안타까운 현실입니다. 그러나 부흥이 일어나면, 아니 하나님의 영광이 임하면 청년들이 돌아올 것입니다. 십대들이, 소년 소녀들이 돌아올 것입니다. 우리 아들딸들이 먼 곳에서 달려와 주의 품에 안길 것입니다. 우리 자녀들이 회복될 것입니다. 이것이 바로 우리가 기다리는 부흥입니다.

3. 그분의 영광을 드러낸다

그때에 네가 보고 기쁜 빛을 내며 네 마음이 놀라고 또 화창하리니 이는 바다의 부가 네게로 돌아오며 이방 나라들의 재물이 네게로 옴이라 사 60:5

이 말씀은 하나님의 영광이 임할 때 우리가 드러낼 수밖에 없는 복된 현존을 나타냅니다. 우리는 축복 받은 자임을 알게 되고, 이방의 부요함까지도 얻게 될 것입니다. 주의 영광을 드러내는 일을 하기 위해서입니다. 이때 얻어지는 부는 결코 개인의 부를 위한 것이 아니라, 하나님의 영광을 드러내기 위한 것입니다.

물론 예수님을 믿는다고 우리 모두에게 무조건적으로 물질적인 부요가 주어지는 것은 아닙니다. 그러나 어떤 그리스도인들에게 이런 부요가 임하는 경우가 있습니다. 그것은 복음의 시대적 사명을 감당하라고 주어진 축복입니다. 따라서 우리가 이런 사명을 망각한다면 하나님은 그 부를 거두어가십니다.

반대로 우리가 그 사명을 감당하기를 소원하며 부흥을 갈망하고 기도한다면 "그 작은 자가 천 명을 이루겠고 그 약한 자가 강국을 이룰 것이라 때가 되면 나 여호와가 속히 이루리라"(사 60:22)라는 약속의 주인공이 될 것입니다.

영광이 임할 때 일어나는 부흥

성도들과 국내 기독교 사적지를 탐방하다 증도에 들린 적이 있습니다. 증도를 방문할 때마다 그곳이 정말 축복받은 섬임을 절실히 느낍니다. 그리고 그 축복의 원인이 복음에 사로잡혔던 한 전도자, 문준경 전도사님의 헌신 때문임을 기억하며 감동에 젖습니다.

증도는 인구의 90퍼센트가 기독교인이며, 섬 전체가 금연구역이라고 합니다. 유네스코가 지정한 슬로시티로, 끝없이 펼쳐진 아름다운 갯벌과 짱뚱어, 낙지, 게가 살아 숨쉬는 청정의 섬입니다. 게다가 우리나라에서 가장 로맨틱한 석양을 즐길 수 있는 곳이며, 고품질의 소금이 나와 '천사의 섬', '천국의 섬'으로 불리는 곳이기도 합니다. 1970년대 중반에는 중국 송·원대의 보물선을 인양해서 보물섬으로 불리기도 합니다.

그러나 이 섬이 본래부터 이렇게 부요한 섬은 아니었습니다. 예전에는 정말 가난한 어민들과 농민들이 생계를 연명하기 힘들어 앞을 다투어 떠나던 섬이었습니다.

어느 날 이 섬에 문준경이라는 여인이 시집을 왔습니다. 그런데 결혼 첫날부터 소박을 맞았답니다. 그녀는 목포에 나갔다가 이성봉 목사님의 도움으로 복음을 받아들였고, 서울에서 신학을 공부한 후 다시 이 섬으로 돌아왔습니다. 그 후로 섬 구석구석을 돌아다니며 복음을 전했습니다.

동네마다 다니며 아름다운 목소리로 "예수 사랑하심은 거룩하신 말일세 우리들은 약하나 예수 권세 많도다 날 사랑하심 날 사랑하심 날 사랑하심 성경에 써 있네" 하며 찬송을 부르고, 병자들을 위해 기도하고, 도박으로 망한 집안을 위로하며, 아이들을 품에 안았습니다.

고무신 한 켤레면 한 해를 날 수 있는 곳에서 아홉 켤레가 닳도록 다니며 복음을 전한 문준경 전도사님은 신안 일대에 100여 개의 교회를 개척했고 증도에만 11개의 교회를 세웠습니다. 이곳에서 김준곤 목사님과 정태기 목사님, 이만신 목사님, 신복윤 목사님 등 기라성 같은 기독교 지도자들이 배출되었습니다.

이 가난한 섬은 점차 부요의 섬으로 바뀌어갔습니다. 하늘의 영광이 이 섬에 임한 것입니다. 오늘날 이 섬의 중심도로는 '문준경로'

라고 불리고 있습니다.

우리 일행은 문준경 전도사님이 매일 올라가서 기도하셨다는 기도 바위에 올랐습니다. 거기에서는 한반도 지도와 같은 모습의 새송숲이 펼쳐져 보입니다. 그 산상에서 한반도의 부흥을 위해 기도했습니다.

지금 우리에게도 이런 부흥이 필요하지 않습니까? 한반도 전체에 다시 이런 하나님의 영광이 임해야 하지 않습니까?

오늘 우리가 직면한 많은 문제의 유일한 해답은 하나님의 영광이 임하는 부흥에 있습니다. 우리가 문준경 전도사님이 품었던 복음을 품고 기도하기 시작한다면, 증도에 일어났던 부흥이 우리 가정에, 우리 교회에, 우리나라에도 일어날 것입니다. 그 부흥의 통로로 우리가 사용되길 간절히 구합니다.

24

기름 부음의 날

이사야서 61장 1-3절

—

주 여호와의 영이 내게 내리셨으니 이는 여호와께서 내게 기름을 부으사 가난한 자에게 아름다운 소식을 전하게 하려 하심이라 나를 보내사 마음이 상한 자를 고치며 포로 된 자에게 자유를, 갇힌 자에게 놓임을 선포하며 여호와의 은혜의 해와 우리 하나님의 보복의 날을 선포하여 모든 슬픈 자를 위로하되 무릇 시온에서 슬퍼하는 자에게 화관을 주어 그 재를 대신하며 기쁨의 기름으로 그 슬픔을 대신하며 찬송의 옷으로 그 근심을 대신하시고 그들이 의의 나무 곧 여호와께서 심으신 그 영광을 나타낼 자라 일컬음을 받게 하려 하심이라

회복의 기름

기름이 없는 세상을 상상해보십시오. 도로 위의 자동차들이 자취를 감추고 수많은 공장이 멈출 것입니다. 밤을 밝히던 전등도 꺼지고 우리가 즐기던 음식도 예전과 같은 맛을 내지 못할 것입니다.

성경 시대에 대표적으로 사용되던 감람유(olive oil)는 식용과 화장품, 의약품, 종교적 의식용 등 다양하게 사용되던 소중한 자원이었습니다. 지금도 기름은 인류의 소중한 자원으로 쓰여서 중동의 산유국들이 막대한 부를 누리고 있습니다.

그런데 구약 성경의 가장 중요한 약속은 하늘 보좌에서 기름 부음을 받은 분이 오셔서 어두운 세상에 빛이 되시며 맛을 잃은 세상에 의미가 되어 세상을 구원하신다는 말씀이었습니다. 히브리어로 그분을 가리켜 '마사아흐'라고 하는데, 여기서 '그리스도'라는 말이 나옵니다. 고대 그리스어로는 '크리스토스'로 불리는 '기름 부음 받으신 이'(Anointed one), 곧 메시아의 출현을 선지자들을 통해 언약하고 있습니다.

이사야는 장차 오실 메시아에 대해 예언했습니다.

주 여호와의 영이 내게 내리셨으니 이는 여호와께서 내게 기름을 부으사 사 61:1

이 말씀은 '나'라는 화자로 등장하는 메시아가 전할 아름다운 소식, 곧 복음 사역의 본질을 나타내고 있습니다. 그분은 가난하고 상처받고 포로 된 그분의 백성을 구원하실 것입니다.

이사야는 여기서 그분이 행하시는 구원 사역의 의미를 좀 더 구체적인 언어로 그려냅니다. 하나님의 영이 메시아이신 그분에게 기름 부으실 때 일어나는 일들이 구체적인 사건으로 묘사됩니다.

그 사건은 오늘날 기름 부음 받으신 그리스도를 만나는 그리스도인들이 경험하는 것과 동일합니다. 그리스도에게 임하신 성령의 기름 부으심은 그분을 따르는 그리스도인들에게도 임하여 세상을 변화시키는 일들을 행하게 할 것입니다.

그분을 통해 일어날 이 위대한 구원 사역의 비전이 이사야서 61장의 마지막 구절에 나와 있습니다.

> 땅이 싹을 내며 동산이 거기 뿌린 것을 움돋게 함같이 주 여호와께서 공의와 찬송을 모든 나라 앞에 솟아나게 하시리라 사 61:11

성령의 기름 부음 사역

오늘을 사는 우리도 여전히 성령의 기름 부으심을 사모해야 합니다. 그렇다면 성령의 기름 부으심이 임하면 어떤 일이 일어날까요?

1. 상한 마음이 치유를 얻는다

'마음이 상한 자들'을 영어로 표현하면 'the brokenhearted'입니다. 그러나 마음이 깨어진 이들의 상처도 치유될 수 있습니다. 이 세상에서는 우리가 살아가는 세월만큼 상처도 깊어집니다. 우리의 얼굴에 패어가는 주름살은 마음의 상처를 드러내는 외상입니다.

얼마 전 미용실에 갔더니 실내 디자인을 새로 하면서 벽에 좋은 문구 하나를 새겨 넣으려고 한다면서 무엇이 좋겠는지 제 의견을 물었습니다. 그래서 "마음을 디자인하라"(Design your mind)라는 문구를 추천했습니다. 이곳에 와서 머리만 디자인할 게 아니라 마음도 쉬고 새롭게 디자인하면 좋겠다는 생각이 들었기 때문입니다.

얼굴의 상처는 최근 발달한 성형수술 기법으로 깨끗하게 치료할 수 있게 되었습니다. 그러나 마음의 상처는 그렇게 간단하지 않습니다. 그런데 여기 복음이 있습니다. 성령의 기름이 우리 마음의 상처를 치유한다고 합니다.

성경 시대에 대표적인 기름은 감람유였고, 그 용도도 다양했습니다. 그중에서도 치료용으로 가장 널리 쓰였다고 합니다. "발바닥에서 머리까지 성한 곳이 없이 상한 것과 터진 것과 새로 맞은 흔적뿐이거늘 그것을 짜며 싸매며 기름으로 부드럽게 함을 받지 못하였도다"(사 1:6)라는 구절을 보아도 상처가 났을 때 기름으로 부드럽게 했음을 알 수 있습니다. 일종의 상비약처럼 가지고 다니면서 벌레에 물리거나 상처가 났을 때 외상 치유용으로 쓰고, 배가 아프거나 설사를 할 때는 내과용으로도 썼습니다. 팔레스타인의 목자들은 종종 코파리 떼의 공격을 막기 위해 코에 바르기도 했습니다.

시편에는 피곤으로 지친 목자들에게 주시는 아름다운 치료의 언약이 있습니다.

주께서 내 원수의 목전에서 내게 상을 차려주시고 기름을 내 머리에 부으셨으니 내 잔이 넘치나이다 시 23:5

이사야서 전체는 당시 무너져가는 시대에 상처받고 절망하는 백성을 위해 하나님이 이사야 선지자를 세워 전하신 치유의 말씀입니다. 우리가 잘 부르는 복음성가 〈마음이 상한 자를〉도 기름 부음을 노래합니다.

마음이 상한 자를 고치시는 주님
하늘의 아버지 날 주관하소서
주의 길로 인도하사 자유케 하소서
새 일을 행하사 부흥케 하소서
의에 주리고 목이 마르니 성령의 기름 부으소서
의에 주리고 목이 마르니 내 잔을 채워주소서
_ 마음이 상한 자를, 스테이시 스웰리(Stacy Swalley)

오늘도 성령의 기름 부으심으로 우리의 상처가 치유되고, 우리의 구원의 능력이 드러나는 간증이 있기를 기도합니다.

2. 포로 된 자가 자유를 얻는다

이사야가 전한 복음의 약속은 계속됩니다. 주님은 마음이 상한 자를 고치실 뿐 아니라 포로 된 자에게 자유를, 갇힌 자에게 놓임을 선포한다고 말씀합니다. 포로 된 자에게 자유보다 소중한 것이 어디 있겠습니까?

구약에도 그런 은혜의 장치가 있었습니다. 바로 "여호와의 은혜의 해", 희년입니다. 안식년이 일곱 번 지나고 오는 50년째 해인 희년에는 감옥에 갇힌 자에게 자유가 주어지고, 모든 종의 경제적인 빚이 탕감되고, 잃어버린 땅을 되찾을 수 있었습니다. 일시적이지만 이스라엘 백성은 하나님의 배려를 경험했습니다.

예수님은 공생애를 시작하실 때 나사렛 회당에서 이사야서 61장 1,2절의 말씀을 읽으셨습니다(눅 4:16 이하 참조). 그리고 이사야의 이 예언이 성취되었음을 선언하십니다.

이에 예수께서 그들에게 말씀하시되 이 글이 오늘 너희 귀에 응하였느니라 눅 4:21

물론 이사야서 61장 초반부의 예언은 바벨론에서 포로생활을 하고 있는 이스라엘 백성이 고레스 왕의 등장으로 자유를 얻는 것으로 부분적인 성취를 이룹니다. 하지만 이 예언은 참 메시아이신 예수님이 이 땅에 오심으로 온전히 성취됩니다.

예수님은 세상살이에서 발생한 빚을 탕감하실 뿐 아니라, 십자가에서 죽으심으로 우리 죄의 빚까지 근원적으로 탕감하시고 죄 사함의 은혜를 주셨습니다. 더 나아가 예수님은 사탄에게 눌린 자들을 그분의 이름으로 축사하시고 자유하게 하는 일들을 행하셨습니다.

이런 초대교회 사역의 연장선상에서 병든 자들과 귀신 들린 자들을 위한 치유 기도를 할 때 기름을 바르는 전통이 생겨났습니다. 그 기름은 물론 치료의 한 방편이었을 수도 있지만 무엇보다 성령의 임재를 상징하는 것이었습니다. 야고보서에도 이것을 나타내는 말씀이 있습니다.

너희 중에 병든 자가 있느냐 그는 교회의 장로들을 청할 것이요 그들은 주의 이름으로 기름을 바르며 그를 위하여 기도할지니라 약 5:14

지금도 치유 사역자 중에는 실제로 올리브 기름병을 가지고 다니며 병자들을 위해 기도하는 분들이 있습니다. 꼭 그렇게 기도하는 것이 옳은 것인지에 대해서는 논쟁의 여지가 있지만 기름이 성경적으로 성령 치유의 상징이 되어온 것은 사실입니다. 지금도 성령은 사탄에 눌린 자들을 자유하게 하십니다.

3. 슬픈 자들이 기쁨을 얻는다

2절에는 '여호와의 은혜의 해'와 '하나님의 보복의 날'이 함께 언급되어 있습니다.

여호와의 은혜의 해와 우리 하나님의 보복의 날을 선포하여 모든 슬픈 자를 위로하되 사 61:2

'여호와의 은혜의 해'는 예수님이 이 땅에 오심으로 시작됩니다. 그러면 '하나님의 보복의 날'은 언제입니까? 예수님이 오심으로 그분의 은혜와 그분의 구원이 선포되었음에도 이를 믿지 않는 사람들에게는 예수님이 다시 오시는 날이 심판의 날, 보복의 날이 될 것입니다. 그러나 오신 예수님을 믿고 받아들인 사람들은 더 이상 심판을 두려워할 필요가 없습니다.

예수님의 구원의 소식을 받아들인 사람들에게는 또 하나의 소중한 약속이 있습니다. 모든 슬픈 자들이 위로를 받는다는 것입니다 (2절). 그것은 바로 놀라운 기쁨, 희락, 찬송입니다.

> 무릇 시온에서 슬퍼하는 자에게 화관을 주어 그 재를 대신하며 기쁨의 기름으로 그 슬픔을 대신하며 찬송의 옷으로 그 근심을 대신하시고 그들이 의의 나무 곧 여호와께서 심으신 그 영광을 나타낼 자라 일컬음을 받게 하려 하심이라 사 61:3

이사야 선지자는 구원의 은혜가 내포하는 빛나는 약속을 재를 대신하는 화관과 슬픔을 대신하는 기쁨, 근심을 대신하는 찬송으로 표현했습니다. 그렇습니다. 이제 우리는 잿더미에 주저앉아 탄식하기보다 화관을 들고, 슬퍼하는 대신 기뻐할 것이며, 근심하는 대신 찬송을 부를 것입니다.

슬픔 많은 이 세상에서 어떻게 하면 그렇게 기뻐하며 살 수 있을까요? 살다보면 우리는 슬픔을 피해갈 수 없습니다. 하지만 성령께서 그때마다 우리를 치유하십니다. 우리의 가슴이 슬픔으로 아리고 상처받을 때 성령께서 기름을 부어주십니다. 그래서 이사야 선지자도 이 기름을 "기쁨의 기름"(3절)이라고 했습니다.

이스라엘 백성은 상중(喪中)에는 절대로 기름을 바르지 않습니다. 기름을 바른다는 것은 기뻐할 일이 생겼다는 뜻이기 때문입니다. 성령의 기름이 부어질 때 우리는 기쁨의 사람으로 살 수 있습니다. 바울 사도가 로마의 감옥에서 쇠사슬에 수족이 매인 채로 "주 안에서 항상 기뻐하라 내가 다시 말하노니 기뻐하라"(빌 4:4)라고 편지한 것처럼 말입니다.

온전한 회복을 이루시는 치유자

우리 시대에 그런 삶을 살고 있는 분을 소개합니다. 그녀는 18세에 집을 떠나기 전까지 평균 일주일에 한 번씩 친아버지에게 성폭행을 당했습니다. 창고나 차 안에서, 식구들이 집을 비우는 날이면 집 안에서 온갖 성적 학대를 경험해야 했습니다. 그녀는 금요일이 두려웠습니다. 금요일에는 어머니가 시장에 갔고, 그녀는 그때마다 어김없이 끔찍한 일을 당해야 했습니다.

그 지옥에서 벗어나고 싶었지만 누구도 소녀에게 도움을 주지 못했습니다. 소녀는 외로움과 두려움, 대인기피증을 겪으며 살았습니다. 이 비밀을 말하면 함께 죽는다는 위협을 받으며, 엄청난 수치심과 죄책감의 노예로 성장했습니다. 그녀가 할 수 있는 유일한 기도는 아버지가 죽게 해달라는 것이었습니다.

어느 날 그녀에게 복음이 찾아왔습니다. 그리고 성령의 기름이 부어졌습니다. 그녀의 상처는 치유되었고, 부친을 용서하기에 이르렀습니다. 그리고 마침내 전 세계에 복음을 전하는 여성 전도자가 되었습니다. 많은 책을 펴내며 저자로도 활발하게 활동했습니다. 그녀의 이름은 바로, 조이스 마이어입니다.

조이스 마이어는 "인간의 상처는 치유될 수 없다"고 말하는 사람들에게 자신을 보라고 합니다. 자신이 바로 완벽한 회복의 증거라고 말합니다. 그녀는 지독한 학대를 경험했지만 주 안에서 좋은 동역자인 남편을 만나 43년 이상 행복한 부부로 살고 있습니다. 손자를 열 명이나 둘 정도로 다복한 가정을 이루었습니다. 조이스는 미국을 비롯해 전 세계에 두루 다니며, 상처받은 사람들에게 "상처는 치유될 수 없다"고 말하는 사탄에게 속지 말라고 외칩니다.

조이스의 간증은 언제나 이사야서 61장 3절의 말씀으로 맺어집니다. 성령의 기름이 임하심으로 그녀의 슬픔은 재 대신 화관이 되었습니다. 근심은 찬송이 되었습니다. 그녀는 이제 의의 나무가 되어 하나님의 영광을 선포하는 사람이 되었습니다.

조이스를 그렇게 변화시킨 하나님이 우리의 치유자이십니다. 우리의 메시아, 우리를 의의 나무가 되게 하시는 회복자이십니다. 그분의 기름 부으심이 우리에게도 임하길 간절히 바랍니다.

CHAPTER

25

포기할 수 없는 사랑

이사야서 62장 1-5절

—

나는 시온의 의가 빛같이, 예루살렘의 구원이 햇불같이 나타나도록 시온을 위하여
잠잠하지 아니하며 예루살렘을 위하여 쉬지 아니할 것인즉 이방 나라들이 네 공의
를, 뭇 왕이 다 네 영광을 볼 것이요 너는 여호와의 입으로 정하실 새 이름으로 일컬
음이 될 것이며 너는 또 여호와의 손의 아름다운 관, 네 하나님의 손의 왕관이 될 것
이라 다시는 너를 버림 받은 자라 부르지 아니하며 다시는 네 땅을 황무지라 부르
지 아니하고 오직 너를 헵시바라 하며 네 땅을 쁄라라 하리니 이는 여호와께서 너를
기뻐하실 것이며 네 땅이 결혼한 것처럼 될 것임이라 마치 청년이 처녀와 결혼함같이
네 아들들이 너를 취하겠고 신랑이 신부를 기뻐함같이 네 하나님이 너를 기뻐하시
리라

흔들리는 한국 교회의 미래

우리나라는 전쟁의 잿더미에서 일어나 국가 경제력을 나타내는 GDP 순위가 1970년대 세계 32위, 1980년대 세계 28위, 1990년대 세계 14위, 2000년대에는 세계 11위 국가가 되었습니다. 1인당 국민소득은 2만 7천달러를 넘어섰으며, 세계 여러 나라에서 원조를 받던 나라가 이제는 세계 여러 나라에 원조하는 나라가 되었습니다.

그동안 한국 교회의 위상에도 적지 않은 변화가 일어났습니다. 1885년 아펜젤러와 언더우드가 개신교 선교사로 이 땅에 발을 디디면서 선교의 은혜를 입었는데, 나라의 발전과 함께 선교사를 해외로 파송하게 되었습니다. 1970년대 말에 93명의 선교사를 파송하기 시작해서, 1980년대 말에는 1,178명, 1990년대 말에는 8,103명, 2000년대에 이르러서는 2만 명 넘게 파송하게 되었습니다. 개신교만을 놓고 볼 때 전 세계에 미국 다음으로 많은 선교사를 파송하는 나라가 된 것입니다. 정말 자랑스럽고 감사한 일입니다.

그러나 이런 대한민국의 위상과 한국 교회의 이미지가 최근에 와서 크게 흔들리고 있습니다. 글로벌 경제 위기와 함께 금융 위기의 위협을 받으면서 부동산 침체, 장기불황, 국가부채 증가, 빈부의 양극화 현상, 청년 실업, 실업대란 등 국가적 위기를 맞고 있습니다.

이런 상황에서 한국 교회의 미래 전망은 어떨까요? 미래학자 최윤식 교수는 2013년에 펴낸 그의 저서 《2020-2040 한국 교회 미래지도》라는 책에서 '한국 교회의 잔치는 끝났다'고 단언합니다. 그는 한국 교회는 이미 쇠퇴기에 접어들었다고 진단하고, 뼈를 깎는 갱신의 노력 없이는 2050-2060년경에 이르면 기독교 인구가 300만 명 대로 급감할 것이라고 예측합니다.

2005년, 정부가 시행한 인구주택총조사에 의하면 1,000만을 자랑하던 기독교인의 수는 이미 870만 명, 인구의 18.7퍼센트로 줄어들었습니다. 이미 많은 교회에서 주일학교 문을 닫는 것이 현실이 되고 있습니다. 한국 교회는 과연 이전의 영광을 회복할 수 있을까요?

이와 비슷한 질문을 하던 이스라엘 백성을 향해 이사야 선지자가 이렇게 예언합니다.

이방 나라들이 네 공의를, 뭇 왕이 다 네 영광을 볼 것이요 너는 여호와의 입으로 정하실 새 이름으로 일컬음이 될 것이며 사 62:2

우리는 이사야 선지자의 이 예언이 궁극적으로 새 이스라엘, 곧 영적 이스라엘인 오늘의 교회에 대한 것임을 잊지 말아야 합니다.

교회가 영광을 회복하기까지

이사야는 예수 그리스도의 교회가 마침내 그 영광을 회복할 것이라고 예언합니다. 그렇다면 교회가 과거의 영광을 회복하기 위해 오늘을 사는 우리가 해야 할 일은 무엇일까요?

1. 포기할 수 없는 중보

이사야서 62장 1절의 "나는 시온의 의가 빛같이, 예루살렘의 구원이 횃불같이 나타나도록 시온을 위하여 잠잠하지 아니하며 예루살렘을 위하여 쉬지 아니할 것인즉"에서 "나"라는 화자가 누구인지에 대해 성경학자들은 이견을 보입니다.

한쪽에서는 이사야서 61장 1절부터 언급된 메시아를 화자라고 보고, 다른 한쪽은 이 말씀을 전달하는 이사야가 화자라고 주장합니다. 하지만 문맥상 메시아가 화자일 가능성이 큽니다. 다시 오실 메시아가 시온의 회복, 예루살렘의 회복을 위하여 쉬지 않고 기도하고 계시다는 것입니다.

그런데 그분은 자신의 기도로 만족하지 않으시고, 함께 예루살렘의 회복을 위해 기도할 파수꾼을 세우십니다.

> 예루살렘이여 내가 너의 성벽 위에 파수꾼을 세우고 그들로 하여금 주야로 계속 잠잠하지 않게 하였느니라 사 62:6

그렇다면 오늘을 살아가는 우리도 그분과 함께 우리의 시온, 우리가 사랑하는 한국 교회의 회복을 위해 기도해야 하지 않겠습니까? 아무리 오늘의 한국 교회가 비판을 받고 점점 힘을 잃는다 해도, 포기할 수 없는 주의 몸 된 교회의 회복을 위해 중보해야 하지 않겠습니까? 파수꾼이 잠을 자면 우리의 성벽은 곧 적들에게 무너지는 비극을 맞이할지 모릅니다.

그러므로 아무리 교회가 마음에 안 들고 병들었다 할지라도 내 어머니 같은 교회, 내 신부 같은 교회를 포기할 수 없다면 우리는 중보의 제단을 쌓고 교회를 위하여 쉬지 않고 기도해야 합니다. 그것이 포기할 수 없는 교회에 대한 포기할 수 없는 우리의 애정입니다.

2. 포기할 수 없는 노력

우리가 무엇인가를 위해, 또는 누군가를 위해 기도한다는 것은 단순히 기도하는 행위만을 의미하지 않습니다. 기도에 합당한 노력을 동반하는 것을 의미합니다.

예컨대 주기도문에 따라 우리가 "일용을 양식을 주옵시고"라고 기도했다면 기도한 후에는 일용할 양식을 얻기 위해 땀 흘려 노력해야 합니다. "우리가 우리에게 죄 지은 자를 사하여 주소서"라고 기도했다면 나에게 상처준 그 사람을 멀리하기보다 오히려 가까이하고 친절하게 대하며 용서를 몸으로 실천해야 합니다.

그렇다면 지금 시온의 회복을 위해 기도한 이스라엘은 어떻게 해야 할까요? 회복을 위해 당시 상황에서 할 수 있었던 나름의 노력은 무엇이었을까요?

성문으로 나아가라 나아가라 백성이 올 길을 닦으라 큰 길을 수축하고 수축하라 돌을 제하라 만민을 위하여 기치를 들라 사 62:10

이 말씀은 기도한 후에 가만히 있으면 안 된다는 뜻입니다. 할 수 있는 한 계속해서 노력하라는 뜻입니다. 이어지는 말씀을 보십시오.

여호와께서 땅 끝까지 선포하시되 너희는 딸 시온에게 이르라 보라 네 구원이 이르렀느니라 보라 상급이 그에게 있고 보응이 그 앞에 있느니라 하셨느니라 사 62:11

이 말씀은 구원의 소식을 선포하라는 것입니다. 우리가 진정으로 시온의 온전한 회복을 원한다면 전도하라는 뜻입니다.

한국 교회가 정말 영광의 그때를 회복하기 원한다면 우리가 먼저 중보해야 합니다. 그리고 한국 교회의 건강한 성장과 성숙을 방해하는 요인들을 제거해서 한국 교회의 내일을 예비해야 합니다. 그리고 계속해서 복음을 전해야 합니다.

교회에 대한 사랑을 포기할 수 없다면 지금 우리가 서 있는 자리에서 필요한 노력, 포기할 수 없는 노력을 지속하십시오.

3. 포기할 수 없는 믿음

'포기할 수 없는 믿음'이란 어떤 것입니까? 우리 주께서 그분의 명예와 영광을 위하여 그분의 몸 된 교회를 영광스럽게 회복시켜주실 것에 대한 믿음입니다. 주님은 어떻게 회복시켜 주신다고 약속하십니까?

너는 또 여호와의 손의 아름다운 관, 네 하나님의 손의 왕관이 될 것이라 다시는 너를 버림 받은 자라 부르지 아니하며 다시는 네 땅을 황무지라 부르지 아니하고 오직 너를 헵시바라 하며 네 땅을 뿔라라 하리니 이는 여호와께서 너를 기뻐하실 것이며 네 땅이 결혼한 것처럼 될 것임이라 사 62:3,4

황무지가 기쁨의 땅이 되고(헵시바: 너는 나의 기쁨) 결합의 땅이 된다고(뿔라: 결혼한, 연합한) 합니다. 황무지 같은 인생이 기쁨의 인생, 주와 연합한 인생이 된다고 합니다. 한때 세상에서 황무지처럼 버림받았던 교회가 이제 주님이 참으로 기뻐하시는 교회, 주와 더불어 아름답게 연합하는 신부 된 교회가 된다고 합니다.

바울 사도는 에베소서 5장에서 남편이 아내를 극진히 사랑함으로 그 아내가 빛나고 아름다운 신부가 된다고 했습니다. 그와 같이 우리 주님의 포기할 수 없는 사랑의 결과로 변화된 교회의 모습을 증언합니다.

자기 앞에 영광스러운 교회로 세우사 티나 주름 잡힌 것이나 이런 것들이 없이 거룩하고 흠이 없게 하려 하심이라 엡 5:27

주님의 사랑으로 이룩한 영광스럽고 거룩한 교회의 궁극적인 모습을 보십시오. 결혼식장에서 눈부시고 아름다운 자태로 걸어오는 신부를 바라볼 때 신랑이 느낄 자부심을 생각해보십시오. 하객들이 웅성거리며 "신부가 정말 예쁘다, 아름답다"고 탄성을 지를 때 누가 제일 기뻐하겠습니까? 바로 신랑입니다. 그때 신랑의 마음속에서 "너는 나의 기쁨(헵시바), 너는 나의 신부(뿔라)!"라는 고백이 터져 나올 것입니다. 이런 고백을 사모하십시오. 이 모습이 우리 교회의 내일이 될 것을 믿으십시오. 우리 교회의 현실이 아무리 열악하다 할지라도 교회와 성도들의 궁극적 승리를 믿으십시오.

수년 전 국내 성지 순례를 인도하면서 한센병 환자들의 섬, 소록도를 방문한 일이 있습니다. 우리 일행에게 소록도와 소록도 중앙교회의 역사를 소개하시던 천우열 전도사님이 이 섬과 깊은 연관이 있는 '지라도'라는 섬으로 인도하겠다고 말씀하셨습니다. 저는 '일정상 여기서 더 시간을 내는 것은 불가능한데 어쩌나' 싶어 난감한 표정을 지었습니다. 그러자 그 분이 우리 일행을 보고 웃으시면서 그 섬은 다른 곳이 아니라 하박국서 3장 17절에 있다고 하셨습니다.

비록 무화과나무가 무성하지 못하며 포도나무에 열매가 없으며 감람나무에 소출이 없으며 밭에 먹을 것이 없으며 우리에 양이 없으며 외양간에 소가 없을지라도 합 3:17

지라도란, 그분들에게 건강이 없을'지라도', 부요함이 없을'지라도', 인간적인 위로가 없을'지라도' 여호와로 인해, 예수로 인해 행복하고 승리의 삶을 살고 있다는 고백이었습니다. 그리고 전도사님은 그분들이 작사·작곡한 〈지라도의 하나님〉이라는 찬송도 소개해주셨습니다.

우리 한국 교회도 상황이 아무리 열악할지라도, 우리의 모습이 왜소하고 부끄럽고 초라하다 할지라도, 궁극적인 승리는 그리스도의 몸인 교회의 것임을 믿어야 합니다. 승리하는 교회의 영광을 믿어야 합니다.

세상은 마침내 그들이 조롱하고 핍박했던 교회의 영광을 보게 될 것입니다. 그렇다면 우리도 오늘의 어두움을 이기게 하실 '지라도'의 하나님을 믿어야 합니다. 영광스런 교회의 회복이야말로 우리의 소원이요, 기도요, 포기할 수 없는 믿음이 되어야 합니다. 지구촌교회 찬양 사역자 김영표 목사님이 지은 찬양곡 〈우릴 사용하소서〉의 가사가 오늘 우리가 해야 할 기도의 제목이 되어야 합니다.

우리에겐 소원이 하나 있네
주님 다시 오실 그날까지
우리 가슴에 새긴 주의 십자가 사랑
나의 교회를 사랑케 하네
주의 교회를 향한 우리 마음
희생과 포기와 가난과 고난
하물며 죽음조차 우릴 막을 수 없네
우리 교회는 이 땅의 희망
교회를 교회 되게 예벨 예배 되게
우릴 사용하소서

진정한 부흥의 날 오늘 임하도록

우릴 사용하소서

성령 안에 예배하리라

자유의 마음으로

사랑으로 사역하리라

교회는 생명이니

교회를 교회 되게 예뻴 예배 되게

우릴 사용하소서

진정한 부흥의 날 오늘 임하도록

우릴 사용하소서

_ 우릴 사용하소서, 김영표

영광스런 교회의 회복은 포기할 수 없는 우리의 소원이요, 우리의 기도요, 우리의 믿음입니다. 포기할 수 없는 우리의 사랑입니다.

분노하지 마소서

이사야서 64장 8절-65장 1절

—

그러나 여호와여, 이제 주는 우리 아버지시니이다 우리는 진흙이요 주는 토기장이
시니 우리는 다 주의 손으로 지으신 것이니이다 여호와여, 너무 분노하지 마시오며
죄악을 영원히 기억하지 마시옵소서 구하오니 보시옵소서 보시옵소서 우리는 다 주
의 백성이니이다 주의 거룩한 성읍들이 광야가 되었으며 시온이 광야가 되었으며 예
루살렘이 황폐하였나이다 우리 조상들이 주를 찬송하던 우리의 거룩하고 아름다운
성전이 불에 탔으며 우리가 즐거워하던 곳이 다 황폐하였나이다 여호와여 일이 이러
하거늘 주께서 아직도 가만히 계시려 하시나이까 주께서 아직도 잠잠하시고 우리
에게 심한 괴로움을 받게 하시려나이까 … 나는 나를 구하지 아니하던 자에게 물음
을 받았으며 나를 찾지 아니하던 자에게 찾아냄이 되었으며 내 이름을 부르지 아니
하던 나라에 내가 여기 있노라 내가 여기 있노라 하였노라

하나님께 구하라

인생을 살다 극한 상황에 부딪치면 우리는 분노를 느낍니다. 누군가가 나를 저주하고 분노해서 이런 일이 생겼다고 생각하거나 나를 향한 하나님의 분노가 원인일지도 모른다고 생각하게 됩니다. 그리고 "제발 분노하지 마소서"라고 기도하게 됩니다.

미국 이민 1.5세대인 케네스 배 선교사는 북한의 경제특구인 나선시에서 '네이션스 투어'라는 여행사를 운영했습니다. 그는 북한 여행객들에게 북한의 아름다운 자연과 독특한 문화, 북한의 안타까운 상황을 소개함으로 북한을 위한 기도를 모으려 애썼습니다.

그러나 그는 실수로 컴퓨터 외장 하드를 소지한 채 북한에 들어갔다가 여행사업가가 아니라 선교사라는 정체가 들통나서 체포되었습니다. 외장하드에 저장해놓은 자료 중에 '여리고 작전'과 '영적 전쟁'이라는 단어가 있었는데, 이것이 북한의 분노를 촉발하여 체포된 것입니다.

북한 관리가 '여리고 작전'이 무엇인지 알아내려고 그 말이 나오는 성경을 읽다가 부들부들 떨면서 "그래, 맞아. 네 계획은 이 나선시와 공화국을 무너뜨리고 정복하는 것이야"라고 말했다고 합니다. 노동교화형 15년을 선고받은 그는 2년 만에 간신히 석방된 후 《잊지 않았다》라는 책을 펴냈습니다.

케네스 배는 강요된 자백서에서 자신의 범죄를 이렇게 시인했다고 합니다.

나, 케네스 준호 배는 기도와 예배로 공화국 정부를 전복시키려고 시도함으로써 조선민주주의 인민공화국의 법을 어겼다. 선교 사역이란 미명 아래 대 조선 적대시 선전에 동조하고 미국과 남조선의 고립 압살 정책의 일환으로 이 나라를 정복하기 위한 미국의 교활한 제국주의적 시도의 한 도구로 활동했다. 나는 17개국 이상에서 300명이 넘는 기독교 중보자들을 관광객으로 위장하여 북한으로 데려왔고 … 하나님을 위해 이 땅을 차지하려는 목적으로 여리고 프로젝트를 계획하고 전 세계의 그리스도인을 동원했다. 그렇게 하면 여리고 성벽이 무너진 것처럼 나선시를 둘러싼 벽이 무너질 거라고 생각했다.

북한의 핵실험 성공으로 유엔의 제재가 점점 심해지자 북한 관리들은 미국인 선교사에게 그 분노를 쏟아 놓았습니다.

"지금 미국에 대한 인민들의 분노가 극에 달해 있다. 당신이 여기 있는 것을 알면 인민들은 당장 달려와 당신을 죽탕쳐버릴 거야."

케네스 배는 그들의 마음속에 존재하는 이 분노를 하나님이 해소해달라고 기도할 수밖에 없었습니다.

주전 6세기, 바벨론에 포로로 잡혀간 유다 백성의 처지를 대신하여 이사야 선지자도 "여호와여, 너무 분노하지 마시오며"(사 64:9)라고 중보합니다. 이런 이사야의 심정을 누구보다 잘 이해할 수 있는 사람들이 바로 한국인입니다. 일제식민지 통치를 경험한 우리는 가까스로 얻은 해방의 감격을 제대로 누리지도 못한 채 다시 70년 가까이 분단을 경험하고 있습니다. 우리도 이사야처럼 "여호와여,

제발 너무 오래 분노하지 마소서"라고 기도할 수밖에 없습니다.

회복을 위한 우리의 자세

우리의 기도는 궁극적으로 민족의 회복을 향한 갈망이어야 합니다. 그렇다면 우리가 진정 하늘의 분노를 극복하고 이 땅에 다시 평화 통일의 회복을 이룰 수 있는 길은 무엇이겠습니까?

1. 삶의 정황을 수용해야 한다

당시 이스라엘 백성이 놓인 삶의 정황을 가장 잘 묘사한 말씀이 있습니다.

나는 나를 구하지 아니하던 자에게 물음을 받았으며 나를 찾지 아니하던 자에게 찾아냄이 되었으며 내 이름을 부르지 아니하던 나라에 내가 여기 있노라 내가 여기 있노라 하였노라 사 65:1

하나님의 백성인 이스라엘은 하나님의 이름을 모르는 나라 바벨론에 포로로 잡혀 있습니다. 그런데 그것이 오히려 이스라엘 백성이 하나님을 만나는 기회가 되었습니다. 모든 것을 포기하고 주를 구하지도, 찾지도 않던 백성에게 다가가신 여호와 하나님이 "내가 여기 있노라 내가 여기 있노라"라고 속삭이며 다가오셨습니다.

우리가 아무리 역겨운 고난의 상황에 처해 있다 해도 이 역시 하나님이 인도하신 상황임을 인정하고 수용해야 합니다. 사실 6.25

전쟁은 결코 반복되어서는 안 될 비극적 상황이었지만, 그러나 이 전쟁을 계기로 우리 민족은 다시 하나님께 돌아와 하나님을 만나게 되었습니다. 우리는 울면서 〈멀리 멀리 갔더니〉라는 찬송을 부르며 전란 중에 주님께 나아왔습니다.

멀리 멀리 갔더니 처량하고 곤하며
슬프고도 외로워 정처 없이 다니니
예수 예수 내 주여 지금 내게 오셔서
떠나가지 마시고 길이 함께하소서
_ 멀리 멀리 갔더니, 새찬송가 387장

케네스 배 선교사는 처음 평양의 노동교화소와 병원에 갇혔을 때 "여기서 저를 구해주소서"라고 기도했습니다. 아마 우리도 그랬을 것입니다. 그런데 그의 어머니가 보낸 편지 내용 중에 "아들아, 너는 다니엘의 세 친구가 풀무불 앞에서 품었던 믿음을 품어야 한다"는 부분을 읽고 말씀을 묵상하다가 2013년 9월 24일, 마침내 침대 위에서 일생일대의 기도를 드렸습니다. 지금까지 해오던 "하나님 저를 구해주세요"라는 기도를 멈추고 "주님, 저는 선교사입니다. 그러면 이곳은 저의 선교지입니다. 저를 사용해주세요"라고 기도한 것입니다. 그러자 그 순간, 마음에 평안이 임했습니다. 억울하게 북한에 끌려온 것이 아니라 하나님의 뜻이 있어서 부르심을 받았다고 느꼈습니다.

그 후 그의 몸은 여전히 갇혀 있었지만 그의 영혼의 자유를 느꼈고, 그는 만나는 사람마다 하나님의 마음과 태도로 대하게 되었습니다. 그리고 "내 주 예수 모신 곳이 그 어디나 하늘나라"라며 찬송을 부르고 있는 자신을 발견하게 되었습니다. 그는 이 찬송가 〈내 영혼이 은총 입어〉의 마지막 절 가사 "초막이나 궁궐이나 내 주 예수 모신 곳이 그 어디나 하늘나라"를 개사해서 "병원이나 감옥이나 내 주 예수 모신 곳이 그 어디나 하늘나라"라고 불렀습니다. 그리고 진심으로 '좋으신 하나님'을 찬양했다고 합니다.

그러자 그를 감시하던 간수가 물었습니다.

"이토록 절박하고 절망적인 상황에서 그토록 즐겁게 노래하는 이유가 무엇입니까?"

"당신은 죄수인데 어떻게 우리보다 더 행복해 보이는 겁니까?"

그렇게 그는 복음을 증거하는 기회를 얻었습니다. 자신의 억울한 상황을 하나님이 허락하신 상황으로 수용하자 이런 일이 생긴 것입니다.

2. 용서를 구해야 한다

우리가 정말 우리의 분노를 극복하고 회복하기 원한다면 우리의 죄악을 용서해달라는 기도를 생략할 수 없습니다. 6.25 전쟁이 아무리 국제 정치의 역학에서 일어난 전쟁이라 할지라도 우리에게도 책임이 있습니다. 해방 이후 5년의 기간을 우리는 좌우 이데올로기의 대립으로 허송세월했습니다.

교회는 교회대로 당시 에큐메니컬 논쟁으로 진보와 보수가 대립하고 있었고, 수많은 교회가 분열의 고통을 앓고 있었습니다. 당시는 예수교 장로회와 기독교 장로회의 분열, 그리고 다시 예수교 장로회 합동과 통합의 분열로 몸살을 앓던 시기였습니다. 그러나 전쟁 후 이런 민족적 죄악에 대해서 우리는 진지한 회개의 시간을 갖지 못했습니다. 아직도 우리 민족이 남북대립을 지속하고 있는 이유는 무엇일까요? 하나님이 우리 민족의 진지하고도 치열한 회개를 기다리고 계시는 것은 아닐까요?

이스라엘 백성은 정직하고 진지하게 죄의 문제와 대면했습니다.

여호와여, 너무 분노하지 마시오며 죄악을 영원히 기억하지 마시옵소서 구하오니 보시옵소서 보시옵소서 우리는 다 주의 백성이니이다

사 64:9

이스라엘 백성은 죄악을 회개하며 하나님의 긍휼을 구하고 있습니다. 주의 백성임에도 그분의 뜻을 떠나 죄를 범했음을 인정하고 고백하고 있습니다. 그리고 다시 한 번 기회를 주시길 기도합니다.

우리에게도 이 고백이 절실히 필요합니다. 주의 몸 된 교회가 주의 뜻을 떠나 범죄했음을 인정하고 회개할 때입니다. 한국 교회가 양적인 성장은 이루었지만 나태함과 자고함으로 세상의 빛이요 소금이 되기보다 오히려 세상의 지탄을 받는 문제아로 전락했음을 회개할 때입니다. 우리 사회의 고질적인 부패와 비윤리적 사건에 기독

교인들이 관여되어 있음을 부인할 수 없다면, 이제야말로 우리에게 통렬하고 진지한 회개가 필요한 때입니다.

3. 온전한 회복을 기도해야 한다

그러나 여호와여, 이제 주는 우리 아버지시니이다 우리는 진흙이요 주는 토기장이시니 우리는 다 주의 손으로 지으신 것이니이다 사 64:8

이 말씀은 우리를 만드신 분이 우리를 고치시고 원상회복시키실 분임을 고백합니다. 그리고 10절부터 구체적으로 회복이 필요한 영역들을 고하기 시작합니다.

주의 거룩한 성읍들이 광야가 되었으며 시온이 광야가 되었으며 예루살렘이 황폐하였나이다 우리 조상들이 주를 찬송하던 우리의 거룩하고 아름다운 성전이 불에 탔으며 우리가 즐거워하던 곳이 다 황폐하였나이다 사 64:10,11

그들은 시온, 곧 예루살렘에서 도시의 황폐함을 호소하며 그 회복을 구합니다. 성전이 무너지는 안타까운 현실을 고하며 성전의 회복을 구하는 것입니다. 도시의 회복은 중요합니다. 그러나 성전의 회복 없이 온전한 회복은 이루어지지 않습니다. 성전의 회복은 결국 하나님과의 관계가 회복되는 것을 뜻하기 때문입니다.

그리고 그런 온전한 회복은 우리를 긍휼히 여기시는 하나님께 중보할 때만 이루어진다고 이사야는 굳게 믿었습니다. 그래서 그는 이렇게 기도합니다.

여호와여 일이 이러하거늘 주께서 아직도 가만히 계시려 하시나이까 주께서 아직도 잠잠하시고 우리에게 심한 괴로움을 받게 하시려나이까 사 64:12

이 기도는 응답되었습니다. 이스라엘은 바벨론 포로에서 해방되었고 시온의 땅으로 돌아와 예루살렘 성전을 재건했습니다. 이는 우리가 사는 한반도에서도 일어나야 할 회복의 기적이기도 합니다. 남북이 통일되고, 조선의 예루살렘이었던 평양에 교회가 재건되는 기적을 놓고 우리는 기도해야 합니다. 이스라엘에서 일하시던 하나님, 독일의 통일을 위해 일하시던 그 하나님이 우리의 하나님이라면, 우리가 참으로 기도할 때임을 믿어야 합니다.

기도 없는 기적은 없다

독일 중동부의 상업도시인 라이프치히 한복판에 유서 깊은 성 니콜라이 교회가 있습니다. 동독과 서독을 가로지르는 벽이 견고하게 서 있었을 때, 동독에 속한 이 교회에서는 1982년부터 매주 월요일 오후 5시마다 동서독의 평화 통일을 갈망하는 기도회가 열렸습니다. 이 기도회는 7년 이상 계속되었습니다.

처음에는 몇십 명이 모이는 작은 기도회였습니다. 1989년 9월 4일, 이 기도회에 천명이 모였습니다. 9월 25일에는 1만 명이 모였고, 10월 2일에는 2만 명이, 10월 9일에는 7만 명이 모였습니다. 기도회 후 교회 광장에 나온 그들은 손에 손을 잡고 비폭력을 외쳤습니다. 평화와 자유를 외쳤습니다.

10월 16일에 이 평화 기도회와 평화 시위는 동독 전역으로 확산되어 12만 명이 참여했습니다. 그들은 교회 밖 광장으로 나오면서 손에 촛불을 들었습니다. 촛불을 든 그들은 돌멩이나 몽둥이를 들 수 없었습니다. 한 손으로 촛불을 들고 다른 한 손으로는 촛불이 바람에 꺼지지 않도록 가려야 했습니다. 그날 단 한 사람도 돌을 던지지 않았습니다. 놀라운 사실은 동독 경찰도 단 한발의 총도 쏘지 않았다는 것입니다.

3주 후인 1989년 11월 9일, 베를린 장벽은 무너졌습니다. 그리고 독일은 평화롭게 통일되었습니다.

후에 동독의 한 관리는 이렇게 고백했습니다.

"그날 우리는 시위를 진압하기 위한 모든 계획을 수립했다. 단 촛불과 기도를 제외하고."

이것이 바로 기도의 힘입니다. 우리가 참으로 엎드려 회개하고 기도한다면 그 일이 한반도에도 일어나지 않겠습니까? 평화 통일의 꿈, 그리고 북녘 땅 도처에 교회들이 다시 세워지고 주를 향한 예배가 회복되는 꿈을 꿈꾸고 있다면, 지금이 바로 이 민족의 온전한 회복을 위해 기도할 때입니다.

CHAPTER

27

새 하늘과 새 땅의 약속

이사야서 65장 17-20절, 66장 22-24절
—

보라 내가 새 하늘과 새 땅을 창조하나니 이전 것은 기억되거나 마음에 생각나지
아니할 것이라 너희는 내가 창조하는 것으로 말미암아 영원히 기뻐하며 즐거워할지
니라 보라 내가 예루살렘을 즐거운 성으로 창조하며 그 백성을 기쁨으로 삼고 내가
예루살렘을 즐거워하며 나의 백성을 기뻐하리니 우는 소리와 부르짖는 소리가 그
가운데에서 다시는 들리지 아니할 것이며 거기는 날 수가 많지 못하여 죽는 어린이
와 수한이 차지 못한 노인이 다시는 없을 것이라 곧 백 세에 죽는 자를 젊은이라 하
겠고 백 세가 못되어 죽는 자는 저주 받은 자이리라 … 내가 지을 새 하늘과 새 땅
이 내 앞에 항상 있는 것같이 너희 자손과 너희 이름이 항상 있으리라 여호와의 말
이니라 여호와가 말하노라 매월 초하루와 매 안식일에 모든 혈육이 내 앞에 나아와
예배하리라 그들이 나가서 내게 패역한 자들의 시체들을 볼 것이라 그 벌레가 죽지
아니하며 그 불이 꺼지지 아니하여 모든 혈육에게 가증함이 되리라

믿음의 사람이 바라보아야 할 비전

이사야는 구약의 선지자 중 가장 복음적인 선지자로 불립니다. 구약 시대를 살면서도 가장 탁월하게 복음의 진수를 증거했기 때문입니다.

그는 이사야서의 마지막 두 장에서 복음적 희망을 완성하는 새 하늘과 새 땅의 약속을 전하고 있습니다. 우리가 지금 보는 옛 하늘과 옛 땅은 모두 다 지나가버릴 것입니다. 이제 새로운 환경, 새로운 질서, 새로운 창조 속에 전개되는 완성된 하나님나라가 다가오고 있습니다.

복음의 궁극성은 완성된 하나님나라가 우리를 기다린다는 데 있습니다. 이것이 결국 성경 66권이 약속하는 복음의 궁극적인 실체입니다. 이사야 선지자는 그것을 이사야서 66장을 통해 전해왔습니다. 이제 이사야 선지자가 그 결론적 메시지를 전합니다.

보라 내가 새 하늘과 새 땅을 창조하나니 이전 것은 기억되거나 마음에 생각나지 아니할 것이라 사 65:17

내가 지을 새 하늘과 새 땅이 내 앞에 항상 있는 것같이 너희 자손과 너희 이름이 항상 있으리라 사 66:22

최근 한국 교회에서는 의식 있는 신학자와 목회자들을 중심으로 하나님나라에 대한 토론과 강조가 활발해지고 있습니다. 바람직하고 좋은 현상입니다. 그들은 그동안 우리가 하나님나라를 지나치게 내세적로 보며 '예수 천당'으로만 강조했기 때문에 하나님나라의 현재성, 곧 지금 여기에서 우리가 실현해야 할 하나님나라에 대한 책임과 비전을 상실했다고 지적합니다. 타당하고 적합한 지적이라고 생각합니다.

이제 우리는 하나님나라의 현재성을 지나치게 강조하기보다 하나님나라의 미래적 소망을 약화시키는 것에 유의하면서 균형을 유지해야 합니다.

한국 교회가 흔들리고 신뢰를 상실하고 있는 이유는 오늘의 영적 지도자들과 성도들이 내세의 소망을 잃었기 때문 아닌가 생각합니다. 우리가 참으로 내세 천국의 실재를 믿는다면 현세에서 구차하게 돈에 매달리고 권력에 매달리며 현세의 물질적 성공과 행복에만 집착할 필요가 있겠습니까?

복음의 가치를 지키고자 순교한 우리의 선배들을 생각해보십시오. 그들이 내세를 믿지 않았다면 그 담대한 순교, 그 거룩한 희생적 믿음의 증언이 가능했겠습니까? 그들은 모두 완성된 새 하늘 새 땅의 비전을 바라보고 있었습니다.

다가오는 새 하늘과 새 땅

그렇다면 이사야 선지자가 약속하는 새 하늘과 새 땅은 도대체 어떤 곳입니까?

1. 주의 백성을 위해 예비된 곳

새 하늘과 새 땅의 별명은 '새 예루살렘'입니다. 옛 하나님의 백성이 언제나 영혼의 고향처럼 마음에 두고 바라보던 예루살렘, 그곳은 장차 하나님이 모든 민족과 열방의 경계를 넘어 새롭게 창조하실 새 예루살렘의 그림자에 불과했습니다.

> 너희는 내가 창조하는 것으로 말미암아 영원히 기뻐하며 즐거워할지니라 보라 내가 예루살렘을 즐거운 성으로 창조하며 그 백성을 기쁨으로 삼고 사 65:18

그분이 창조하실 미래의 새 예루살렘은 이사야의 증언처럼 하나님 백성의 기쁨을 위한 성입니다. 이것은 요한계시록의 거의 마지막 부분인 21장 1,2절의 증언과 정확하게 일치합니다.

> 또 내가 새 하늘과 새 땅을 보니 처음 하늘과 처음 땅이 없어졌고 바다도 다시 있지 않더라 또 내가 보매 거룩한 성 새 예루살렘이 하나님께로부터 하늘에서 내려오니 그 준비한 것이 신부가 남편을 위하여 단장한 것 같더라 계 21:1,2

그렇습니다. 신랑을 위해 눈부시고 아름답게 단장한 신부의 모습처럼 하나님은 그분의 백성을 위해 새 예루살렘 성을 단장하고 준비하고 계십니다. 요한계시록 21장 10절 이하에 보면 성령은 계시를 받고 있는 요한에게 우리를 대표하여 그 천국 도성의 영광을 잠깐 엿보게 하십니다.

> 성령으로 나를 데리고 크고 높은 산으로 올라가 하나님께로부터 하늘에서 내려오는 거룩한 성 예루살렘을 보이니 하나님의 영광이 있어 그 성의 빛이 지극히 귀한 보석 같고 벽옥과 수정같이 맑더라
> 계 21:10,11

이곳이 바로 우리의 하늘 본향입니다. 우리의 신앙 선배들은 모두 이 성을 사모하고 기대했습니다.

> 그들이 이제는 더 나은 본향을 사모하니 곧 하늘에 있는 것이라 이러므로 하나님이 그들의 하나님이라 일컬음 받으심을 부끄러워하지 아니하시고 그들을 위하여 한 성을 예비하셨느니라 히 11:16

그 성의 존재를 믿으십니까? 나는 이 영광의 도성의 존재를 믿습니다. 이 성은 모든 인류를 위한 곳이 아닙니다. 오직 이 성의 주인 되신 하나님을 믿고, 믿음으로 인생을 순례한 백성을 위한 마지막 목적지입니다.

> 내가 지을 새 하늘과 새 땅이 내 앞에 항상 있는 것같이 너희 자손과 너희 이름이 항상 있으리라 여호와의 말이니라 사 66:22

하나님은 이것이 언약을 지키시는 여호와 하나님 자신의 말씀이라고 보증하십니다. 이 도성은 그 이름이 하나님의 백성으로 기록된 모든 주의 백성과 그 자손을 위한 곳이라고 말입니다. 이 영원한 도성에서 우리가 할 가장 영광스러운 일이 이사야서 66장 23절에 그려집니다.

> 여호와가 말하노라 매월 초하루와 매 안식일에 모든 혈육이 내 앞에 나아와 예배하리라 사 66:23

천국 생활의 절정은 예배입니다. 요한계시록에서는 그러한 천국 예배의 모습을 보여줍니다.

> 이십사 장로들이 보좌에 앉으신 이 앞에 엎드려 세세토록 살아 계시는 이에게 경배하고 자기의 관을 보좌 앞에 드리며 이르되 우리 주 하나님이여 영광과 존귀와 권능을 받으시는 것이 합당하오니 주께서 만물을 지으신지라 만물이 주의 뜻대로 있었고 또 지으심을 받았나이다 하더라 계 4:10,11

> 내가 또 들으니 하늘 위에와 땅 위에와 땅 아래와 바다 위에와 또 그 가운데 모든 피조물이 이르되 보좌에 앉으신 이와 어린양에게 찬송과 존귀와 영광과 권능을 세세토록 돌릴지어다 하니 계 5:13

그날, 그곳에 있고 싶지 않습니까? 새 하늘과 새 땅은 오직 그분의 백성, 그분을 예배하는 자들을 위해 예비된 곳입니다.

2. 옛 하늘과 옛 땅의 모순이 극복된 곳

이사야가 말하는 '새 하늘'과 '새 땅'은 요한계시록 21장 1절에서도 동일하게 사용되었습니다. '새로운'을 뜻하는 단어는 헬라어로 '카이네'(kaine)인데, 이는 '질적인 새로움'을 의미합니다. 즉 새 하늘과 새 땅은 질적으로 모든 것이 새로워진 하늘과 땅을 뜻합니다.

동일한 단어가 요한계시록 21장 5절에서 "보라 내가 만물을 새롭게 하노라"라고 선언하실 때에도 사용됩니다. 우리가 살고 있는 세상은 옛날에 비해 문명이 발달하고 편리해졌습니다. 그렇지만 이전과 달리 핵무기의 위협을 받고 있으며, 환경오염과 미세먼지로 허덕이고 있습니다. 무엇보다 생로병사의 눈물과 아픔을 여전히 겪어야 합니다.

그러나 이사야서 65장 19절에서 주님은 새 예루살렘에서는 우는 소리, 부르짖는 소리가 다시는 들리지 아니할 것이라고 약속하십니다. 이어지는 20절에서는 유아 사망이 없으며, 백세 전에 죽는 노인도 없을 것이라고 약속하십니다.

그래서 성경학자들 중에는 이곳이 마지막 천국의 모습이 아닌, 소위 완성된 천국이 도래하기 전 이 땅에 임할 천년왕국을 묘사한 것이라고 말하기도 합니다. 그렇게 본다 할지라도 결국 천년왕국은 천국의 그림자라고 할 수 있습니다. 궁극적인 본향, 새 하늘, 새 땅의 약속을 확인해보십시오.

> 모든 눈물을 그 눈에서 닦아주시니 다시는 사망이 없고 애통하는 것
> 이나 곡하는 것이나 아픈 것이 다시 있지 아니하리니 처음 것들이 다
> 지나갔음이러라 계 21:4

그렇습니다. 우리의 궁극적인 본향, 곧 영원한 천국은 인간의 죄로 말미암아 초래된 모든 모순이 청산되고 극복되는 곳입니다. 철학자 임마누엘 칸트는 우리가 생각하는 전통적 기독교인은 아니었습니다. 하지만 그는 내세를 '거기에 있어야 할 곳', 즉 '당위의 장소'라고 생각했습니다.

현세에서는 결코 해결될 수 없을 것 같은 문제가 곳곳에 산재해 있는 것이 우리의 세상살이입니다. 우리의 이루어지지 못한 꿈, 이루어지지 않은 사랑. 이 세상이 전부라면 너무 허무하지 않습니까? 아니, 무엇보다 이 세상에서 우리가 경험한 모든 불공평함, 불의함, 정의의 왜곡, 이 모든 것에 대한 정의가 실현되기 위해서라도 내세는 필요하지 않겠습니까?

600만 유대인들이 억울한 죽음을 맞았습니다. 만일 이 세상이 전부라면 우리가 어떻게 공의로우신 하나님을 증언할 수 있겠습니까? 세상의 모든 모순과 부조리가 시정되고 극복되기 위해서라도 내세는, 아니 천국은 존재해야 하는 곳이 아닙니까?

그런데 성경은 절대적으로 공의로우시고 거룩하신 하나님이 다

시는 모순도 없고 부조리도 불공평도 없는 그 영원한 곳을 준비하
셨다고 증언합니다.

3. 꺼지지 않는 불과 대조되는 곳

이사야서의 마지막 구절은 영원한 천국과 대조적인 꺼지지 않는
불이 있는 곳에 대한 경고로 마무리되고 있습니다.

> 그들이 나가서 내게 패역한 자들의 시체들을 볼 것이라 그 벌레가
> 죽지 아니하며 그 불이 꺼지지 아니하여 모든 혈육에게 가증함이 되
> 리라 사 66:24

바로 이 구절에서 지옥에 대한 전통적 묘사가 출발합니다. 벌레
도 타죽지 않고, 뜨거운 불이 영겁을 두고 타오르는 심판의 장소,
그곳이 바로 지옥입니다. 그곳은 '불과 유황으로 타는 못'입니다.

> 그들이 지면에 널리 퍼져 성도들의 진과 사랑하시는 성을 두르매 하
> 늘에서 불이 내려와 그들을 태워버리고 또 그들을 미혹하는 마귀가
> 불과 유황 못에 던져지니 거기는 그 짐승과 거짓 선지자도 있어 세세
> 토록 밤낮 괴로움을 받으리라 계 20:9,10

이사야는 천국 복음을 전한 선지자인데 왜 지옥을 전하는 것으로
그의 예언을 마무리하고 있을까요? 지옥의 참담한 저주를 모르는

사람들은 천국 백성이 된 것을 감사하지 못하기 때문입니다. 지옥을 믿지 않는 사람들은 천국도 믿을 수 없습니다. 지옥이 존재하기 때문에 천국의 소망은 우리에게 복음이 됩니다.

인생의 종착지를 선택하라

1741년 미국의 제1차 영적 대각성을 촉발시킨, 역사상 가장 위대한 설교로 일컬어지는 조나단 에드워즈의 설교 제목은 "진노하신 하나님의 손 안에 떨어진 죄인들"이었습니다.

얼마 전, 저는 이 위대한 설교가 선포된 노스햄튼 교회를 방문하고 깊은 감회에 젖었습니다. 그 설교의 일부를 인용해보겠습니다.

하나님을 부인하는 패역한 죄인이 지옥에 던져지는 것은 너무나 당연합니다. 하나님의 공의는 살아 있기 때문에 하나님이 죄인들을 멸망시키는 것에 이의가 있을 수 없습니다. 죄인들은 지옥에 가도록 이미 정죄되었습니다. 하나님께서 자신과 죄인 사이에 정해 놓으신 의의 법칙이 죄인들을 정죄하여 지옥으로 보내는 것입니다. 영원히 변치 않는 의의 법칙이 죄인들을 대적함으로 그들을 지옥으로 보내는 것입니다.

전능하신 하나님의 진노의 맹렬함을 잠깐 동안 겪는 것도 무시무시한데, 죄인들은 영원토록 그 고통을 당해야 합니다. 그 격렬한 고통은 끝이 없다는 것을 기억하십시오. 아무런 구원자도 없고, 고통도 끝이 없으며, 형벌이 약해짐도 없고, 전혀 휴식도 없는 완전한 진노를 경험해야 합니다. 그 절대적이고 무자비한 진노의 보응과 씨름하여 수억만 년을 보내야 하는 것입니다.

그 처참한 세계, 펄펄 끓어오르는 유황 불 못은 죄인들의 발밑에 넓게 펼쳐져 있습니다. 그곳에는 하나님의 진노의 불만이 활활 타오르고 있습니다. 지옥은 입을 크게 벌리고 있고, 그 지옥에는 디디고 설만한 발판도 없고, 붙잡고 매달릴 만한 손잡이도 없습니다. 당신과 지옥 사이에는 허공 외에 아무것도 없습니다. 그곳은 거대한 진노의 용광로이며, 진노의 불꽃이 타오르는 무저갱의 심연입니다.

모든 죄인들은 이 진노하시는 하나님의 손에 매달려 있습니다.

당시 그의 설교를 듣고 있던 사람들은 가슴을 찢고 통회 자복하며 울부짖었습니다. 어찌나 많은 사람이 애통해했는지 설교자가 설교를 진행하지 못할 정도였다고 합니다. 더러는 지금 당장 지옥으로 떨어지는 자신의 존재를 느끼고 예배당 기둥을 끌어안고 몸부림치며 통곡했다고 합니다. 이 부흥은 전 미국을 휩쓸며 그들로 회개하고 주님께 돌아오게 했습니다.

이사야서의 마지막 예언의 메시지는 벌레도 죽지 않고 불도 꺼지지 않는 지옥의 경고로 마무리됩니다. 그러나 복음이 있습니다. 우리가 우리의 패역함을 돌이키고 회개하면, 그리고 구원자이신 예수님을 믿으면 죄 사함을 얻고 지옥이 아닌 새 하늘과 새 땅에서 영원히 살 수 있다는 것입니다.

오늘, 무엇을 선택하겠습니까? 옛 하늘과 옛 땅에서 살다가 영원한 불의 심연으로 떨어지겠습니까, 아니면 새 하늘과 새 땅, 생수가 흐르는 강이 있는 영원한 천국을 향하겠습니까? 이제, 우리의 마지막 종착지를 선택할 때입니다.

어제의 예언, 오늘의 복음

초판 1쇄 발행	2016년 10월 24일
지은이	이동원
펴낸이	여진구
책임편집	1팀	이영주, 김수미
편집	2팀	최지설 3팀	안수경, 유혜림 4팀	김아진
책임디자인	이혜영, 마영애	노지현
기획 · 홍보	김영하
마케팅	김상순, 강성민, 허병용, 이기쁨
제작	조영석, 정도봉

해외저작권	김나은
마케팅지원	최영배
경영지원	김혜경, 김경희

이슬비전도학교   최경식, 전우순   303비전성경암송학교   박정숙, 정나영, 정은혜
303비전장학회 & 303비전꿈나무장학회   여운학

펴낸곳	규장

주소 06770 서울시 서초구 매헌로 16길 20(양재2동) 규장선교센터
전화 02)578-0003   팩스 02)578-7332
이메일 kyujang0691@gmail.com   홈페이지 www.kyujang.com
트위터 twitter.com/_kyujang   페이스북 facebook.com/kyujangbook
등록일 1978.8.14. 제1-22

ⓒ 저자와의 협약 아래 인지는 생략되었습니다.
이 출판물은 저작권법에 의해 보호를 받는 저작물이므로 무단 전재와 무단 복제를 할 수 없습니다.

책값 뒤표지에 있습니다.
ISBN 978-89-6097-472-2 03230

규 | 장 | 수 | 칙

1. 기도로 기획하고 기도로 제작한다.
2. 오직 그리스도의 성품을 사모하는 독자가 원하고 필요로 하는 책만을 출판한다.
3. 한 활자 한 문장에 온 정성을 쏟는다.
4. 성실과 정확을 생명으로 삼고 일한다.
5. 긍정적이며 적극적인 신앙과 신행일치에의 안내자의 사명을 다한다.
6. 충고와 조언을 항상 감사로 경청한다.
7. 지상목표는 문서선교에 있다.

하나님을 사랑하는 자 곧 그의 뜻대로 부르심을 입은 자들에게는 모든 것이 合力하여 善을 이루느니라(롬 8:28)

규장은 문서를 통해 복음전파와 신앙교육에 주력하는 국제적 출판사들의
협의체인 복음주의출판협회(E.C.P.A:Evangelical Christian Publishers
Association)의 출판정신에 동참하는 회원(Associate Member)입니다.